给孩子的故宫

李文儒 著

中信出版集团｜北京

图书在版编目（CIP）数据

给孩子的故宫 / 李文儒著. -- 北京：中信出版社，
2023.1（2024.3重印）
ISBN 978-7-5217-4913-7

Ⅰ.①给… Ⅱ.①李… Ⅲ.①故宫－北京－儿童读物
Ⅳ.①K928.74-49

中国版本图书馆CIP数据核字(2022)第208522号

给孩子的故宫

著　　者：李文儒
出版发行：中信出版集团股份有限公司
　　　　　（北京市朝阳区东二环北路27号嘉铭中心　邮编　100020）
承　印　者：北京盛通印刷股份有限公司

开　　本：889mm×1194mm　1/32　　印　张：8
插　　页：24　　　　　　　　　　　字　数：200千字
版　　次：2023年1月第1版　　　　 印　次：2024年3月第3次印刷
书　　号：ISBN 978-7-5217-4913-7
定　　价：58.00元

图书策划： 活字文化

版权所有·侵权必究
如有印刷、装订问题，本公司负责调换。
服务热线：400-600-8099
投稿邮箱：author@citicpub.com

给孩子的故宫

太和殿。上图的景象明清时代也有,下图只能在现在的故宫博物院里看到,体现了故宫从皇帝的宫殿到人民的博物馆之间的不同

从景山最高处南望故宫琉璃瓦大屋顶

不同时辰、不同角度的西北角楼（左、右）

三大殿——太和殿、中和殿、保和殿（从左至右）

在端门城楼后北望午门

在午门城楼前南望端门

沿着皇帝时代的御道，从午门走进故宫

从里看，午门门洞都是圆弧形的

在午门城楼北面俯瞰内金水桥

金水河、内金水桥在午门与太和门之间的广场上

三台

三台栏杆

太和殿防火演习

在故宫行走,如此宫院重重随处可见
(左、右)

雪后太和殿广场

太和殿内的大柱、金砖

太和殿内皇帝宝座

乾清门内望乾清宫

建福宫高处看景山

保和殿内

乾清宫内

交泰殿内

养心殿内

大戏台畅音阁

倦勤斋内的小戏台与通景画

御花园西南角的养性斋

大修中的慈宁宫，可见木料之大

三台螭首

太和殿屋顶瑞兽（上）、大吻（下）

太和门前铜狮

太和殿前铜龟

和殿前檐和玺彩画

殿房屋上部的彩绘

丽景轩餐厅溥仪用西餐处

呆和殿后台阶上的云龙大石雕

九龙壁

禊赏亭内流杯渠

乾清门西侧琉璃花

九龙壁前观众寻找以木替代琉璃的地方

武英殿东侧有18棵古槐。天亮之前，凡贴金箔之处最先亮了起来

御花园古树

西北崇楼

院墙高耸，夹道深深

浴德堂浴室

21世纪初复建建福宫时,特意将被烧毁的痕迹保留并显露出来

宝蕴楼

灵沼轩(水晶宫)

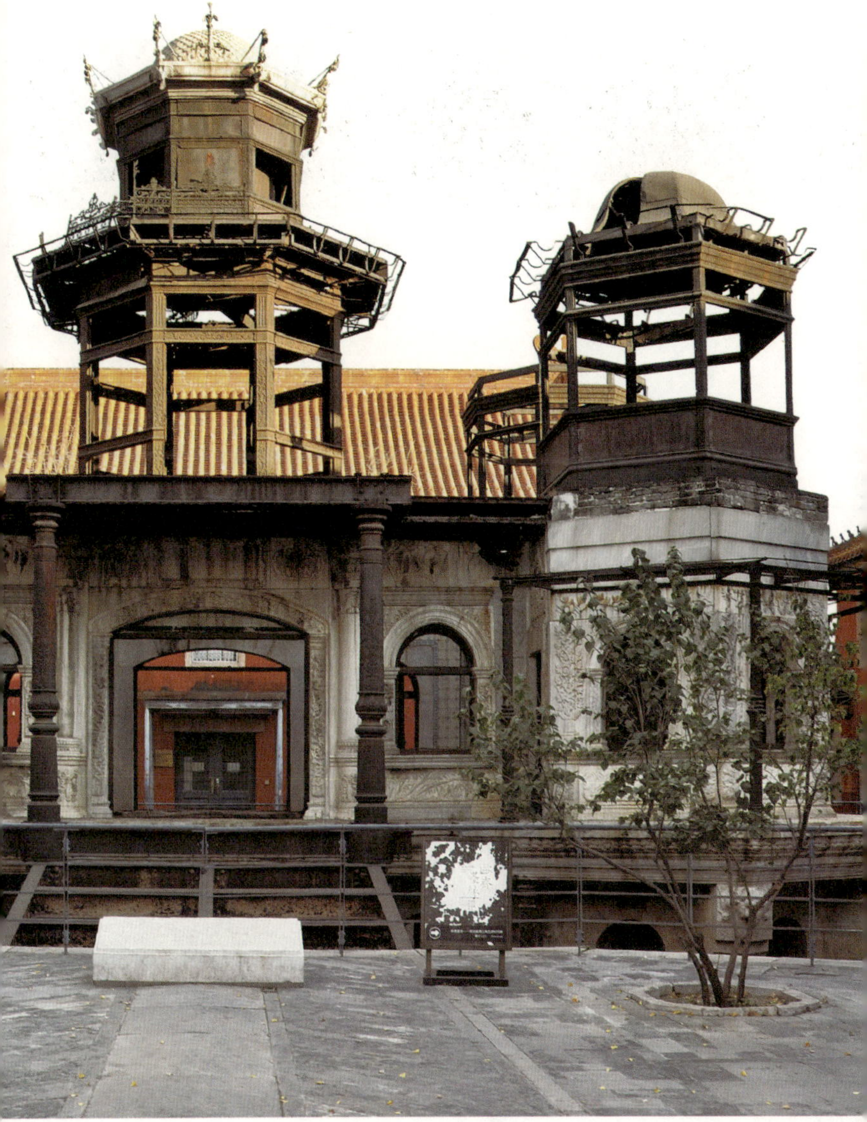

抗日战争期间,故宫博物院文物南迁,随迁的文渊阁藏书现存台北故宫博物院。文渊阁书去阁空,乾隆皇帝题写的"汇流澄鉴"仍在

来自意大利的宫廷画家郎世宁画的《乾隆皇帝大阅图》与来自法国的宫廷画家王致诚画的《十骏马图》中的第六骏,应为同一"模特儿"

雍正时期的斗彩勾莲菊瓣尊

被称为"瓷母"的乾隆时期的"各种釉彩大瓶",高86.4厘米。凡瓷器名贵颜色釉、高温低温釉、彩绘吉祥图案等几乎应有尽有,可谓集历代制瓷技艺之大成

乾隆皇帝为自己八十寿辰造办的"青玉大禹治水图山子"。也许是太大、太重的原因,自安放在宁寿宫后区寝宫乐寿堂后门处,就未曾移动过

屋顶类型

庑殿顶	单檐	庑殿顶,是指有四个坡、五条脊的屋顶。弘义阁即为庑殿顶。弘义阁为两层楼阁形式,两层之间设腰檐,屋顶为单檐庑殿顶。
	重檐	太和殿庑殿顶之下,又有短檐,四角各有一条短垂脊,因而被称为重檐庑殿屋顶。
歇山顶		歇山顶有九条屋脊,即一条正脊、四条垂脊(与正脊相交,沿屋面瓦垄向下的脊)和四条戗脊,因此又称九脊顶。
悬山顶		悬山顶有一条正脊,四条垂脊,形成两面屋坡,左右侧面垒砌山墙,但两端屋檩外露。
硬山顶		硬山顶与悬山顶造型相似,只是屋顶的檩木不外悬出山墙;两端与两边山墙平齐。
攒尖顶		攒尖顶则是指屋面多条脊汇于一点。另攒尖建筑不属于任何等级建筑,而是属于杂式建筑,其平面形式丰富多样,可做成扇形、梅花形、圆形等。

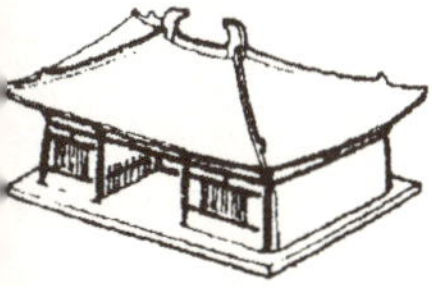
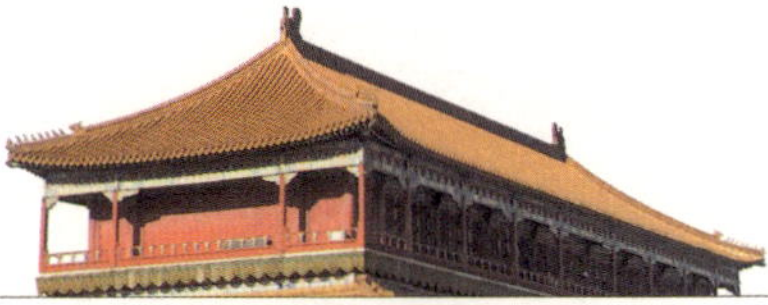
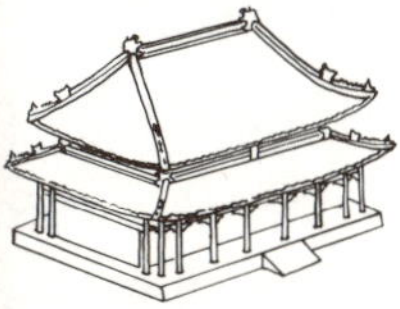
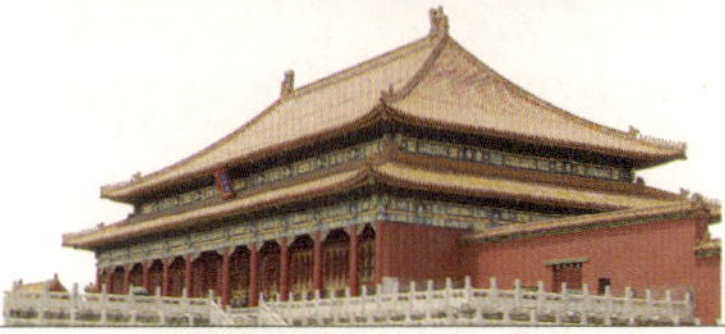
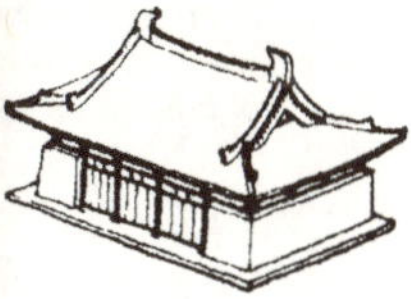
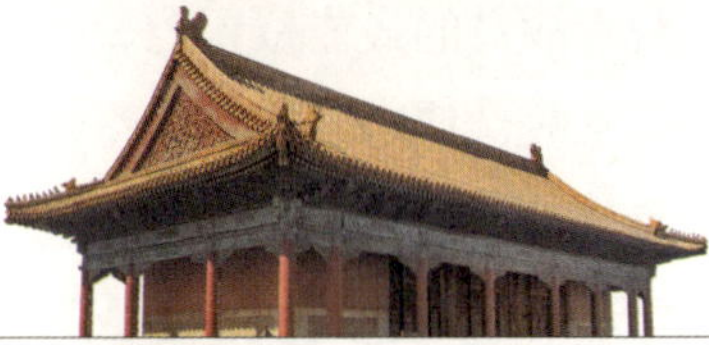
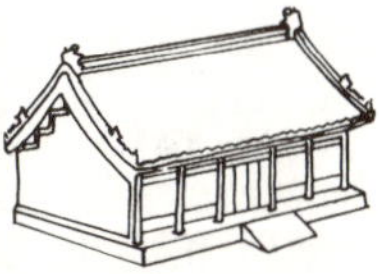
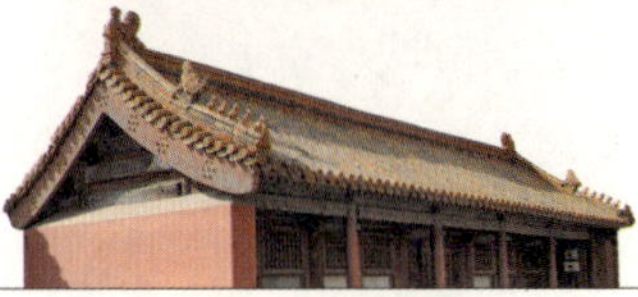
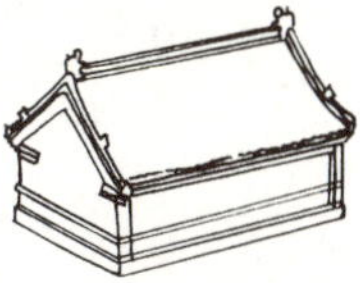
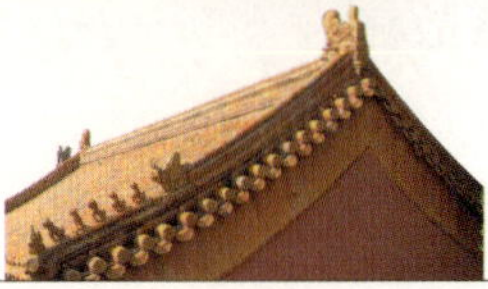
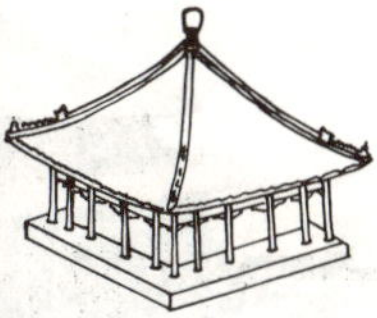
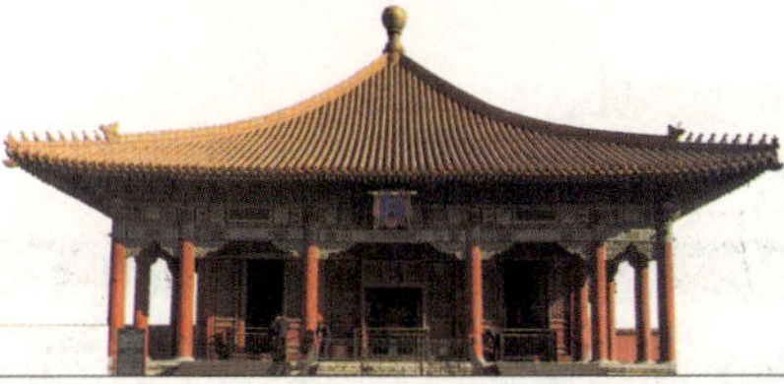

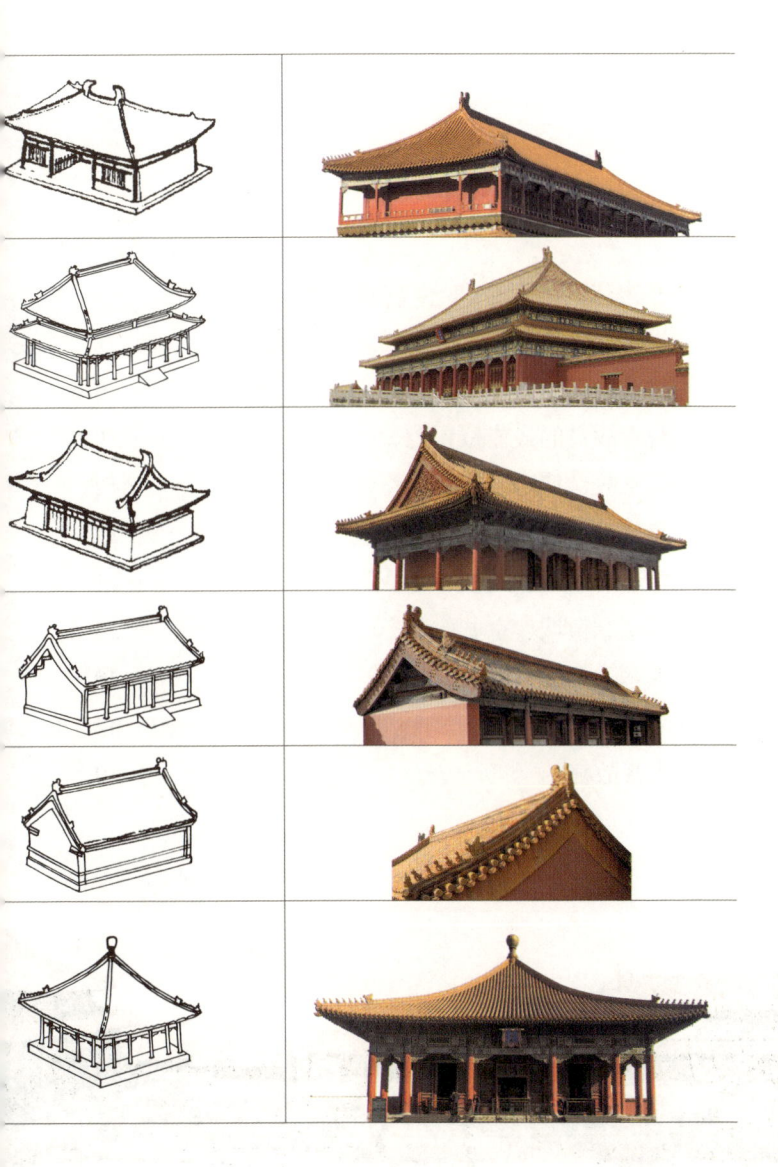

目 录

开头的话 ·· 1

一 紫禁城、故宫、故宫博物院

故宫的三个名称 ····································· 5
观看故宫的最佳位置 ······························· 9
参观故宫博物院的最佳路线 ····················· 12
紫禁城的规划、设计与建造 ····················· 17
"天人合一"与"受命于天" ···················· 21
宫城、皇城、京城 ································ 25
大木、金砖、彩绘、巨石 ························ 29
防震防水难防火 ···································· 33
大修故宫 ··· 39

二　中轴线上

- 中轴、御道、轴对称 45
- 穿越宫门 51
- 走过金水桥 57
- 广场之音 61
- "天子的宫殿" 65
- 太和殿：龙世界里的三跪九叩 71
- 中和殿：亭亭如华盖 76
- 保和殿：宴请与考核官员 79
- 三台之上 82
- 从前朝到后宫 85
- 乾清宫大院 89
- "正大光明"的背后 93
- 乾清宫：皇帝如何安寝 96
- 交泰殿：皇后、时间、印记 98
- 坤宁宫：洞房花烛与萨满祭祀 104
- 钦安殿：最后的宫殿是神殿 108
- 末代皇帝的"小皇宫"岁月 110
- 神武门：终结之门，开启之门 117

三　西区、东区故事

中轴与西区、东区	123
养心殿里说"养心"	128
三希堂前说"三希"	134
宫门口的生育要求	139
吃的"仪式"	142
宫廷"时髦秀"	147
长春宫里"红楼梦"	150
"慈宁""寿康"之地	153
"内务""造办"贪奢	156
西边武英，东边文华	162
文渊阁与《四库全书》	165
育人、养马、射箭	170
"奉天"与"奉先"	173
宁寿宫：建而不用	175
皇帝的花园	181
看戏与拜佛	186
珍妃井、宫女井	191

四　重新发现故宫

"人"形大屋顶⋯⋯⋯⋯⋯⋯⋯⋯⋯⋯ 197
脊兽大世界⋯⋯⋯⋯⋯⋯⋯⋯⋯⋯⋯ 201
扭曲的古柏⋯⋯⋯⋯⋯⋯⋯⋯⋯⋯⋯ 205
重重复重重⋯⋯⋯⋯⋯⋯⋯⋯⋯⋯⋯ 208
栏杆梦断⋯⋯⋯⋯⋯⋯⋯⋯⋯⋯⋯⋯ 213
琉璃花开⋯⋯⋯⋯⋯⋯⋯⋯⋯⋯⋯⋯ 216
窗里窗外⋯⋯⋯⋯⋯⋯⋯⋯⋯⋯⋯⋯ 219
全彩包装⋯⋯⋯⋯⋯⋯⋯⋯⋯⋯⋯⋯ 222
另类建筑⋯⋯⋯⋯⋯⋯⋯⋯⋯⋯⋯⋯ 225
到故宫看大装置艺术⋯⋯⋯⋯⋯⋯⋯ 232
到故宫看雨⋯⋯⋯⋯⋯⋯⋯⋯⋯⋯⋯ 236
到故宫看雪⋯⋯⋯⋯⋯⋯⋯⋯⋯⋯⋯ 238
到故宫看展⋯⋯⋯⋯⋯⋯⋯⋯⋯⋯⋯ 242
到故宫外看故宫⋯⋯⋯⋯⋯⋯⋯⋯⋯ 247

开头的话

位于北京城中心的故宫，已经有600多年的历史了。

这600多年的历史，分为两个对比鲜明的阶段：500多年皇帝的宫殿，近100年人民的博物馆。

由戒备森严、一家一姓的皇宫，变成人人可以自由出入的公共文化场所，是最有标志性的翻天覆地的历史巨变。

以皇宫为标志和中心的长达500多年的明清两代，将漫长的帝制皇权推向极端与腐朽，也将几千年积累和发展起来的以维护皇权帝制为核心的皇权文化、宫廷文化推向极端与腐朽。

"以史为镜，可以知兴替；以人为镜，可以明得失。"以史为鉴，是我们传承至今的一个非常优良的传统。中国近现代以来的历史巨变——辛亥革命的终结帝制，抗日战争的胜利，新中国的建立，尤其是改革开放以来取得的伟大成就，正是彻底埋葬了几千年帝制，特别是抛弃了帝制末期的专制、封闭、愚昧、守旧，走上民主、开放、文明、创新的崭新道路的结果。

历史是用来反思借鉴的，不是供后人模仿膜拜的。以皇宫文化为代表的皇权帝制文化遗存，与以博物馆为代表的现代公共文化建设，是两种性质完全不同的文化形态。虽然建筑还是老建筑，地方还是老地方，然而过去的皇宫，已经成为如今故宫博物院最有吸引力的超大型"展品"。作为博物馆展品的现在的"故宫"，绝对不是向人们炫耀和展示皇权文化、宣扬"明君""圣上"的"圣地"，绝对不是对"天子的宫殿""天子之宝"的精神跪拜之地，而是引导人们理性认识皇权帝制文化的鲜活"标本"。

正是在这个意义上，由皇宫变身为博物馆的故宫，成为一个不可替代的独特存在：以煌煌宫城昭示从皇朝到民国、从君主到民主之浩浩大势，唯有故宫；以煌煌宫城见证没落帝制皇权祸国殃民、新生人民共和国自主自强，唯有故宫；以煌煌宫城彰显古代建筑文化、建筑科技、建筑艺术、建筑审美，亦唯有故宫。

一 紫禁城、故宫、故宫博物院

从皇帝的宫殿到人民的博物馆,是几千年历史巨变的鲜明标志。

故宫的三个名称

故宫有三个名称：紫禁城、故宫、故宫博物院。

虽然现在大家习惯简称或统称为故宫，可实际上，这三个名称的含义，还是有很大差别的。

紫禁城是北京明清皇宫的专有名称。但这个名称的出现，却比皇宫的建成要晚100多年。从文献资料中看，一直到明朝中期，专指北京皇宫的"紫禁城"三字，才出现在当时的官方文书中。不过"紫禁"一词，则出现很早。第一个称皇帝的秦始皇的宫殿，就被称作紫宫。汉代皇宫未央宫也叫紫宫。唐代以"紫禁"称皇宫。古诗文里提到"紫禁"的诗句有不少，李白诗中就有这样一句："晨趋紫禁中，夕待金门诏。"

皇帝的宫殿为什么称作紫宫、紫禁呢？中国古代的人们相信天、地、人之间是相互感应的。古人在对天象长期的观察、研究、想象中，发现并认为日月星辰总是围绕着一颗不动的星运转，于是就把这颗星叫作帝星，也叫紫微星（即北极星）。以紫微星为核心的区域叫紫微垣，是上天的中心，是至高无上的天帝居住的地方。不管哪个朝代的皇帝，都会说自己是"天子"，是天帝的儿子，自己当皇帝是受命于天。天帝所在的地方叫天宫，叫紫微垣，皇帝所在的地方自然就应该叫皇宫,叫紫宫,叫紫禁。

比起历代的皇宫,明朝永乐皇帝朱棣建造的北京皇宫更加规范,更加完备,更加恢宏,更加壮美,管制更加严格,结构布局更像一座禁戒森严的城池。天上有紫微垣,地上有紫禁城。紫禁城的名称就这样出现了。

作为皇宫的紫禁城,明朝永乐四年(1406)筹建,永乐十八年(1420)落成。从明成祖朱棣到中国末代皇帝溥仪,明、清两代共有24位皇帝在此执政、居住。明清之间还有李自成攻入北京,进驻紫禁城,被迫撤离前举行了登基称帝仪式,虽然时间极短,但也是在紫禁城里当过皇帝的。如果加上李自成,共计皇帝25位。

紫禁城专指明清皇宫,故宫的称呼则比较宽泛。中国历史上有过几十个朝代,产生过数百位皇帝,每个朝代每个皇帝都要有自己的皇宫。改朝换代主要靠征战争夺,打倒皇帝当皇帝,前朝的皇宫大多会被战争和新的朝代摧毁。新的朝代、新的皇帝建造新的皇宫,以前的皇宫或皇宫的废墟便称为故宫。所以,历史上的故宫遗址散落多地,多成为凭吊感怀的遗迹,如西安的秦宫、汉宫、唐宫遗址,如同所有做过古都的城市里的宫殿遗址一样,这正是古诗文里出现的"故宫"要比"紫宫""紫禁"多得多的原因。

清朝取代明朝是一个例外。清朝没有摧毁或放弃明朝的皇宫,而是拿过来为我所用,明朝的"故宫",一转手成为清朝的皇宫。推翻清朝的辛亥革命彻底终结了中国数千年的帝制,但把这座中国最后的皇宫完整地保留了下来。几千年来无数的宫殿灰飞烟灭,大多故宫遗址成为文献中的记载和考古的对象，只有紫禁城成为唯一留存完整的皇宫标本。正是这个特殊的原因，本来具有泛指性的"故宫"，便成为明清故宫的专指。之后，在明清故宫的基础上，成立了故宫博物院。辛亥革命后皇帝退位，紫禁城成为故宫，故宫里的前半部分归中华民国政府管辖，成立古物陈列所，在公布的章程中说明古物所"为博物院之先导"；故宫里的后半部分，依据民国政府对清帝退位给予清皇室的优待条件，仍为以已经退位的小皇帝溥仪为首的"小朝廷"暂时居住使用。1924年11月，溥仪被赶出故宫。1925年10月10日，神武门挂出"故宫博物院"的匾牌；下午二时，故宫博物院成立暨开院典礼在乾清门前隆重举行。选择辛亥革命纪念日宣告故宫博物院成立，其意甚远。报纸报道开院时观众参观的情形："宫殿穿门别户，曲折重重，人多道窄，汹涌而来，拥挤至不能转侧。殿上几无隙地，万头攒动，游客不由自主矣！""且各现得意之色，盖三千年帝国宫禁一旦解放，安得不惊喜过望，转生无穷之感耶？"至此，昔日禁备森严的皇宫全部成为公众自由出入的博物馆。

皇宫紫禁城、故宫、故宫博物院，这三个名称指的是同一个对象，同一个地方，但却是同一空间里不同历史时段的三种身份、三种形象、三种象征。

皇宫是帝制的代表、标志——这里是帝制时代皇帝执掌国家政权、治理国家的所在地，是国家的政治中心、权力中心，也是文化中心。故宫是文化遗产的代表、标志——这里是失去了统治权力、治理功能的被冷落的帝制遗产。故宫博物院是现代公共文化机构的代表、标志——这里向社会公众开放、为公众服务，承担着保护文化遗产、展示并传播传统文化的职责。

从皇宫到博物院，故宫经历了三个历史阶段，呈现着三种文化形态。皇宫、故宫是古老的、衰亡的，故宫博物院则是新生的、兴盛的。在故宫这样一个不曾改动的空间中，随着时间的流动，演绎着和累积着皇朝与共和国、君主与民主、集权与公权的对峙和交替。

谁都知道，紫禁城是皇帝建造的，是为皇帝建造的，如所有的帝王一样，建造紫禁城的明朝永乐皇帝朱棣希望朱家的帝业承传万世，但他绝对想不到，几百年之后，他的宫殿却作为世界文化遗产，作为世界上保存最完整、规模最大的木结构宫殿建筑群，成为全世界参观人数最多的博物馆和游览地。新冠肺炎疫情前的2019年，故宫博物院接待观众数量首次突破1900万人次。

这么多人涌进昔日的皇家禁地，自由自在地观看"博物馆"的时候，每个人都面对着同一个问题：今天的人怎么看故宫？

观看故宫的最佳位置

对一直向往的景观,每个人一定都希望能找到一个最佳的观景点。在故宫北门神武门外,与故宫仅一街之隔的景山公园里,景山最高处的万春亭,就是这么一处观看故宫的最佳位置——故宫一览无余,600年一眼望尽。

现在的景山公园原本就是紫禁城的后花园,皇家御苑。站在万春亭南望,故宫全貌尽收眼底。向北,是御苑内主体建筑寿皇殿;御苑北,是皇城北大门北安门(即地安门);再往北,是晨钟暮鼓的钟楼、鼓楼;再往北,望不见的地方,则是明朝皇帝们的陵地天寿山和"燕山雪花大如席"的燕山山脉了。景山西,近处是以琼华岛的白塔为中心的北海,与南面的中海、南海组成以荡漾的水面为主的比紫禁城大许多的皇宫西苑;远处的西山,向北往东,就与燕山连在一起了。由近及远,由远及近,近处的靠山依水,远处的山环水绕,故宫都拥有了。

这么一处绝佳位置,是建造紫禁城和后来享用紫禁城的皇帝们精心设置的。不过他们可绝不是为老百姓,他们是为他们自己和皇亲国戚设置的,设置得很美满、很如意。

早在元朝把北京建成元大都的时候,大都里就建有皇宫、御苑。后来明清的皇宫、御苑,大体上与元朝时的位置和范围差不了多少。元朝皇帝建造宫殿不如明清皇帝那么讲究，但建御苑是他们的长项，他们觉得逐水而居很符合他们的脾性，附近有座山最好，哪怕不高不大，于是，把挖太液池的泥土，堆在皇宫的后面，堆出一座小小的"青山"，虽不大，但帝后们有山有水可以游逛了。

明朝的朱棣很讲究，既要镇压元朝的"皇气"，还要筑起自家王朝坚实的"靠山"。于是，把拆毁元朝宫殿的垃圾，把开挖紫禁城护城河的泥土，一并堆压在元朝的小"青山"上。明朝皇宫的这"镇山""靠山"一下子就高大起来，再命以可以天长地久的"万岁山"之名，虽然还是供帝后们游逛，感觉就大不一样了。崇祯皇帝在登基之前，肯定在万岁山上欣赏过他家的宫殿。但这"靠山"终究靠不住，"万岁山"更难万岁，李自成攻破北京，失去理智的崇祯皇帝疯狂砍杀妃子和女儿之后，换上普通百姓的服装，企图混出北京而未成，直至死到临头，还要挣扎着爬上"万岁山"，最后朝南看一眼他家的紫禁城，朝北望一望他家的皇陵，自骂一声"无面目见祖宗"，然后走向东侧那棵歪脖子树，了结了自己，也了结了一个长达276年的皇朝。

清朝的皇帝更直接，干脆把山改名为景山。最奢华的是乾隆皇帝，他在山前建绮望楼，在山上依山就势建观赏亭，建一座不够，要五亭排列，要移步换景，错落有致；在山后重修寿皇殿建筑群，供奉列祖列宗。这样一来，游逛的内涵就更丰富了，欣赏起自家的宫殿就更得意了。

今天，故宫北面的景山，不仅仅是故宫的最佳观看点，站在这个最高处俯瞰故宫，极目东西南北，思接古往今来，我们会深深感受到，这里更是启发我们应该以什么样的视角、用什么样的态度看待曾经的皇宫紫禁城的地方，也就是说，站在这里，更应该思考一个问题：今天的人们应有什么样的历史观？

面对皇帝的宫殿和帝王的历史，面对故宫这样的文化遗产，我们绝不会盲目地崇拜和赞颂，也不会简单地谈论继承和弘扬。我们会以现代人的理性思维、现代文明的文化价值观，认识以往的历史和历史的发展方向。我们站在景山上，将故宫尽收眼底之后，将600年一眼看透之后，向紫禁城挥手告别，向皇权帝制的历史挥手告别，自信地投身当下新生活的创造，潇洒地走向未来，这正是"俱往矣，数风流人物，还看今朝"词意抒发的全部意义。

参观故宫博物院的最佳路线

故宫博物院很大，包含护城河占地百万平方米。故宫内占地约72万平方米，建筑占地面积约16万平方米，共计90多组建筑群落，8700多间房屋，全面参观一次很累。但如果之前做好准备，规划好路线，参观起来，既不觉得累，还会收获满满。

规划参观路线，要规划两条：一条是双脚行走的路线，一条是心里思考的路线，也就是"走路"与"走心"两条路线。走路的路线，关系到参观的效率；走心的路线，关系到参观的质量。参观的时候，既要走路，更要走心。

根据故宫的布局，行走的路线大体可划分出三条：中路、西路、东路，分别对应故宫的中轴、西区、东区。中轴区是任何一位参观者必走的区域。故宫最重要的建筑，前朝的三大殿、内廷的后三宫，统统集中在中轴线上。即使只有短短的两个小时，参观者也一定会从前门午门进，从后门神武门出，穿中轴而过。不过这样匆匆而过，只能是走马观花。全面参观至少得安排一天的时间，每个区域每条路线各用两个多小时。先由南到北走中轴一线，到北端后选择西路或东路，由北向南，到南端后从另一路向北，参观结束从北门神武门出去。这时候，千万不要急着离开，再往前几百米登上景山，回望刚刚参观过的故宫，至此，才算完成参观全程。这样的路线虽然谈不上详尽细致，但基本上可以达到一般的参观目的。

比起行走的路线，如何走心的路线更重要。参观的质量，取决于走路时走心不走心、思考不思考的问题。这就需要事先做准备，阅读有关书籍，做好功课，带着问题，一边走，一边用心思考。

参观故宫博物院，一般是从天安门中间的门洞往里走的。比如，走到天安门的时候、从天安门走进去的时候，你会思考什么问题？

皇宫紫禁城，四周围一圈是皇城。皇城的南大门最早叫大明门，与天安门在一条轴线上，位于现在天安门广场的南端，飞檐崇脊，三门洞开，正中门洞上方石匾刻"大明门"三字。大明门与皇宫的主要建筑一起排列在中轴线上，又与天安门、端门、午门乃至紫禁城共处于同一封闭空间，是从正南面进入紫禁城的第一个入口。李自成从这里进紫禁城时就做出决定：刻一块大顺门匾，替换大明门匾。不料还没来得及更换，李自成就被赶出了北京城。

清朝虽然利用的是明朝的皇宫，其他可不改，但大明门一定得改名大清门。清人用最快捷的办法，把刻着"大明门"三字的石匾取下来，翻过去，刻上"大清门"三字，加刻满文，原地嵌了上去——征战厮杀、血流成河的改朝换代，在一瞬间被简化为翻一块牌子、改一个字的小小动作。

辛亥革命后，大清门改名为中华门，居然也想到翻牌子的老办法，可是，翻过来一看，竟是"大明门"三字，看来，只是简单地翻牌子行不通了,只好赶做全新的"中华门"木匾挂上。是啊,什么叫历史的启示?这就是历史的启示。历史就是这样告诉人们,时代已经进入20世纪,延续了几千年的推翻皇帝当皇帝、换汤不换药的改朝换代,再也不能继续下去了!"大明门"的牌子不能再翻了!中国社会必须要来一个彻底的变革。辛亥革命建立中华民国,正是顺应历史潮流的三千年未有之大变局。中华人民共和国的成立更是天翻地覆的大事。

新中国成立之后不久,中华门就被拆除了。从中华门通往天安门的原来的皇帝的御道,扩展成人民的广场。如果在参观之前了解了大明门的故事,是不是在走向故宫博物院的路上,就会有不一般的思考?

再说说天安门。天安门在明朝叫承天门。大明门是皇城的入口,是皇城第一门,直通承天门。承天门则是皇城的正门,直通紫禁城。承天门与紫禁城同时落成,取名于"承天启运""受命于天",宣称奉承天命来治理国家。明天顺年间,承天门毁于大火,成化年间重建。清顺治时改建,由原面阔[①]5间、进深[②]3间,扩大为面阔9间、进深5间,并改名为天安门,取名于"受命于天,安邦治国"。从明到清,名字虽然改了,皇帝"受命于天"的意思还是一模一样的。中华人民共和国成立后,天安门的名字虽然没有改,但含义完

---

① 面阔指建筑物的平面宽度。
② 进深指建筑物的纵深长度。

全不一样了，不再是受命于天，而是受命于人民。过去的主人、主体是皇帝，江山是皇帝的、皇家的；现在的主人、主体是人民，人民就是江山。

天安门见证了中国人民弃旧创新的历史巨变。我曾问过为开国大典设计和安装大红灯笼的张仃先生，大红灯笼的灵感创意来自哪里。张仃说，决定性的想法是如何在帝制皇权的代表与象征之地，重新赋予人民和国家获得新生的功能。他的灵感来自民间传统的喜庆活动与国家、人民新生庆典的高度契合。天安门的大红灯笼，从此成为新中国的象征之一。

今天的天安门，虽然还是明清时代的建筑，但面对宽阔肃穆的天安门广场，面对广场两侧巨大恢宏的人民大会堂和国家博物馆，它早已降下承天奉天的尊严，而以喜悦、喜庆的容貌融入人民的广场。

当你经过天安门广场、走进天安门的时候，想到过天安门这个名称和天安门的历史变化吗？

随着走进故宫的脚步，接着思考御道的问题，这时可以追问自己：行走在当年只有皇帝才可通过的御道上，我会生发出怎样的想法和感慨？

想想吧，此时此刻，你，我们，还有前前后后熙熙攘攘的人流，正在穿过天安门门洞，穿过端门门洞，一直走向故宫的正门午门。这时候，只要你心里想到了，就会真切地感觉到你正走在600年前的御道上，走在数百年来只有皇帝才可以走的御道上，走在20多位皇帝走过的御道上。

御道是用青白色的巨大的石块铺就的，每块石头重达上万斤。巨石铺就的御道应当从大明门开始，但保留到现在的只剩下从天安门前的金水桥开始了。由于石质的不同，每块石头磨损的情况不一，但那种厚实、沉重、坚硬，甚至顽固的感觉是一样的。御道之外的地面明显改变过了，唯有这些石块纹丝不动地躺在那里，记录着、记忆着、见证着全部历史。

也许因为经历了太多的风雨，经历了太多的打磨，坚硬沉重的御道终于变得光滑柔润起来。其实，真实的情形应该是这样的：在明清皇宫的500多年时间里，走过御道的只有三种人。一是皇帝，算上李自成，25位皇帝走过的次数数得出来；二是皇帝大婚时皇后可以走，紫禁城里的皇帝，娶了媳妇当皇帝的肯定比当了皇帝娶媳妇的多，数数也没几位；三是三年一次的殿试，前三名状元、榜眼、探花从宫里出来时，皇帝特许走御道，满打满算，平均一年一个，500年最多500个。然而，自从皇宫转型为博物院之后，尤其是近几十年来，每年数百万、数千万的参观者在古老的御道上来来往往，这么多人，这么多双脚，这条坚硬顽固的御道能不被打磨得光滑柔润又闪闪发亮吗？正是这条现在终于变得光滑闪亮的御道，引领无数的人们，穿越历史，走进古都北京的中心，走进皇宫紫禁城最重要的地方，走进历史的高处深处。

紫禁城的规划、设计与建造

据《明太宗实录》记，明永乐十八年十一月戊辰（1420年12月8日），永乐皇帝朱棣颁布诏书："眷兹北京实为都会，惟天意之所属，实卜筮之攸同。乃仿古制，循舆情，立两京，置郊社宗庙，创建宫室。上以绍皇考太祖高皇帝之先志，下以贻子孙万世之弘规。爰自营建以来，天下军民乐于趋事，天人协赞，景贶骈臻。今已告成。选永乐十九年正月朔旦，御奉天殿，朝百官，诞新治理，用致雍熙。"

朱棣告诉天下臣民，说他一直想着使北京成为都会、成为京城，兴建新的宫殿，实在是上天和神灵的指引。按照古有的规制，遵循臣民的愿望，实现先皇的遗志，为子孙万世创立新的基业，天下同心，神人共助。现在，这么重要的大事已经大功告成。明年正月初一，在新落成的奉天殿举行大典，开始新的治理，开创新的升平之境。

永乐十九年（1421）正月初一，北京皇宫隆重启用。

毫无疑问，永乐皇帝朱棣是紫禁城的总规划、总设计、总指挥。为这一天的到来，朱棣做了许多年的筹备。洪武十三年（1380），被朱元璋封为燕王的21岁的朱棣进驻北平封地，王府所在就是元大都的皇宫。北上扫平北疆，南下"靖难"从侄子手里夺取皇位，北平是他征战20多年的根据地，是他的所谓"龙兴之地"，迁都的想法、在新的都城建立自己的新宫殿的想法，或许早在燕王时期就萌生了。

永乐元年（1403），刚刚登上皇位的朱棣就迫不及待地将北平改名为北京，将其提升为与南京并立的京都。迁都的事情虽然并不十分顺畅，但是，只要皇帝下定决心，没有办不到的事，何况朱棣又那么强势。

紧接着，营建京都、建造北京皇宫的工作紧锣密鼓地推进。安排得力大臣，各负其责。在全国范围内选择木石砖瓦油漆彩绘权威专家分管各项事务，部署征集军工民工和各行各业能工巧匠。伐大木、采巨石、烧砖瓦等实实在在的行动，至迟从永乐四年（1406）就开始了。在南京做皇帝的朱棣，数次北巡，亲临视察。到了紫禁城宫殿现场集中施工的关键阶段，永乐十五年（1417），朱棣第三次到北京巡视，从此不再离开，亲自督造。永乐十八年（1420）底，都城北京与皇宫营建全面竣工。

迁都不易，营建规模浩大、工程复杂的京城和皇宫更不易，但对朱棣皇帝来说，这些并不是什么太大的难事。如他在诏书里所说，京城、皇宫的规划设计建造早有"古制"可仿。早在周朝的《周礼·考工记》中，就对都城宫室的营建做过明确的规定。《考工记》及其他先秦典籍里所说的"方九里，旁三门""九经九纬""左祖""右社""面朝后市""三朝""五门"等，均是后来所有都城宫室营建的基本原则。朱元璋当皇帝后即在老家凤阳兴建都城、宫殿，那时朱棣年纪虽小，也是知道的。南京的都城、皇宫，朱棣游走其间，更是熟悉不过的。朱棣20岁以后多年居住生活的元大都、元皇宫，也可以做他直接参考和仿效的样板。还有古诗文里那么多描写历代都城皇宫的这赋那赋、这诗那词的浪漫、夸张、阿谀奉承之词，不断刺激朱棣的想象和决心。他唯一要做到的，也是绝对有把握做到的是"凡庙社、郊祀、坛场、宫殿、门阙，规制悉如南京，而高敞壮丽过之"。的确如此，北京都城、皇宫建筑的许多名称，就是从南京直接拿来的。当然，远比南京的"高敞壮丽"。

对于掌握了最高权力的朱棣来说，这么大的事，也就是一个想法、一道圣旨的事，但却严重地苦了伤了天下的百姓。史料记载，在近20年的时间里，工程之大、调度之广、耗费之巨，不可估量。上百万劳工终年服役，役死军士百姓不计其数。一看到紫禁城，总会想到史料里的16个字："十万工匠，百万役夫"，"进山一千，出山五百"。前8字记的是役使劳力之巨，后8字记的是死伤之多，字字血泪。就拿采伐大木来说，古代建筑材料以木材为主，皇帝的宫殿一定要用名贵的大木材。名贵的木材北京周边没有，华北没有，东北也没有。如太和殿这样重要的宫殿要用金丝楠木，几十米高、几人合抱的巨硕的楠木采自长江以南的四川、云贵、湖广一带山高水远的深山老林之中。想想那个时候的采伐工具、运输工具、运输道路，得需要多少劳力，冒多大危险？崇山峻岭，水冲石落，虎豹蛇蝎，毒虫瘴气，出不了山的人就消失得无影无踪了。

每每想到这样的境况，2006—2008年大修太和殿的情景就浮现在眼前。这次大修是300多年前康熙皇帝重建太和殿之后最大的一次落架大修，即全部拆散，所有建筑构件，该修的修，该换的换，然后再重新组装起来，恢复原样。最后一道工序是"合龙"，将新写的记载此次大修的《太和殿修缮记》，连同五药、五谷、五色线、金元宝等康熙时的原物，一起装入同样是康熙时的龙纹鎏金铜匣里，由一位工匠抱着，沿着屋顶正中待合龙的瓦垄间爬到高高的屋脊上，放进屋脊正中原来的那块空心琉璃砖内，再用琉璃瓦严密盖封。

我也跟着那个怀抱龙纹匣的工匠爬上去了。我看着那个脸蛋红扑扑的壮实的小伙子，从容不迫地完成了这道工序，我很羡慕他。

小伙子是从河北曲阳来的农民工，他的家乡是著名的石雕之乡、工匠之乡。也许，他正是朱棣建造紫禁城或者康熙皇帝重建太和殿时，在这个相同的地方完成了这道相同的工序的那个工匠的后代，也有可能是建造和不断修缮紫禁城的无数劳役者、死伤者的后代，或者是不堪忍受多年的繁重劳役而逃亡者的后代。

千百年来，建造一座座皇帝的宫殿的是他们，皇帝的意志和想象是靠他们的劳苦和生命实现的。现在，保护历史文化遗产，让皇帝的宫殿保留到今天见证皇权帝制历史的也是他们。在广袤的大地上绘制新蓝图、创造新生活的更是他们。他们就是历史，是历史的脊梁。皇帝早已不存在了，他们永在。

"天人合一"与"受命于天"

紫禁城落成后,像以往历朝历代的皇宫落成后一样,照例需要一些歌功颂德的诗赋。永乐皇帝朱棣让他认为最有才华的臣子去写。文渊阁大学士杨荣、金幼孜各自写了《皇都大一统赋》,李时勉写了《北京赋》。除了照例歌颂"圣王"永乐皇帝外,主体还是隆重描述紫禁城的。从那些华丽铺排的辞藻中,大体可以了解一些关于紫禁城的规划设计观念。

杨荣赋中有这样的词句:

既应天以顺时,爰辨方而正位视……乃相乃度,载经载营……西接太行,东临碣石。巨野亘其南,居庸控其北……包络经纬,混混无穷。贯天河而为一,与瀛海其相通……

金幼孜赋中有这样的词句:

萃四海之良材,伐南山之巨石……以相以度,以构宫室。栋宇崇崇,檐楹秩秩……焕五采之辉煌。作九重之严密……奉天屹乎其前,谨身俨乎其后。惟华盖之在中,竦摩空之伟构。文华翼其在左,武英峙其在右。乾清并耀于坤宁,大善齐辉于仁寿……

这些词句或玄虚缥缈,或句句落实,但都大气磅礴。这样的大思路、大视野、大格局对于紫禁城的营建起着决定性的作用。

古人是相信天地相映、天地感应的。天上有北辰贯中天，地上有南溟听天下。天有天轴，地有地轴。天上有紫微星垣，地上有紫禁城。山水融结在天，裁定在人。大靠想象力、眼力，小靠功夫、工巧。

如果说这是中国人认识天、地、人的宏大的宇宙观的话，如果以这样的宇宙观做紫禁城的创意、指导紫禁城的规划的话，那么，紫禁城的规划设计实在是一种精神状态，一个理念、意念。在永乐皇帝心中，在臣民心中，在所有参与其事的人们心中，他们将要建造的紫禁城，是矗立在天地间沟通天地的形象与标志。

一如所有的帝王都会把自己的愿望和行为说成是上天的指示和安排，把自己说成是"天子"，把自己建造的、为子子孙孙建造的宫殿叫作"天子的宫殿"，并且说建造这样的宫殿，不是自己想建，而是按照上天的旨意建造的，朱棣在宣告紫禁城落成和使用的诏书中就是这么说的。他把他的皇城、宫殿的正门叫作承天门、奉天门，把他的最重要的宫殿叫作奉天殿，无非是想把"承天启运""受命于天"这样一贯的帝王思想表达得更直接、更明白。而紫禁城的规划布局，各宫各殿的定位、造型、命名，无一不在千方百计地突显超凡脱俗的"天子的宫殿"的样貌与姿态。

中国古代文化中，天人合一原本是古人认识外部世界、理解和表达人与自然关系的哲学概念，但被帝王皇权观念轻而易举地转化为上天与皇帝一个人的特殊关系，转化为天子至尊、皇权至上的政治、制度、权力术语。

对于皇帝来说，天地感应，天人合一，金木水火土，天地日月人，中国传统文化中这些天与地、人与天地自然的推演移易的文化理念和哲学思想，统统可以用来为他的宫殿辨方正位、象天立宫，都可以用来论证君权天授、普天之下唯我独尊的权力、等级与秩序的天然合理。虽然所有的出发点与所有的指向都在竭尽所能地突显皇宫皇权的至高无上，渲染天子宫殿的独尊天下，虽然只有皇帝能这么想，也能这么做，也只有皇帝才能做到，但从建筑设计的角度想，这实在是件很浪漫也很诱人的事情。从建筑美学的角度看，这正是必定成为中国古代建筑经典的紫禁城的大环境观、大环境艺术的根源与灵魂所在。

从大的方面来说，紫禁城不是测出来、量出来、算出来的，是想出来、看出来、说出来的。当然，到具体规划设计的时候，必须想得、看得、说得很实际、很现实、很实用。

有不少的人要做许许多多很实际、很具体的工作。仰观天象，俯察地理，中参人和。他们得堪天舆地。他们得说出昆仑山如何与燕山山脉相连，得说出大海大水在什么地方，得说出个天高山远、地广水长、纵横四海的天下大势来，得说出北京城、紫禁城在天地山水间的至尊至荣的位置。他们还有足够的历史资料可以参考，历代皇帝已经在不同的地方建造过不少的皇宫了。

按照帝王的意志，按照为帝王服务的意志建造的紫禁城，一定是当时最好的最辉煌的建筑。并且，由于紫禁城是中国的皇帝建造的最后的皇宫，至少有十几个世纪之久的可继承的传统和可吸取的经验，与以往的皇宫相比，紫禁城有可能建造得无比恢宏、无比壮美，同时也无比规范、无比标准。

紫禁城这座中国最后的皇宫，由此成为中国传统文化中皇权文化在建筑形态上的集中呈现，是中国帝制文化的立体化、符号化、图像化，也是中国帝制文化与中国古代建筑文化的高度统一，甚至是最完美的统一。

紫禁城的确是一座伟大的建筑，紫禁城的设计者是伟大的设计家。可是，没人能够明确指认谁是这位设计家。朱棣不是，参与营建紫禁城的那些有名有姓的人也不是。紫禁城是中国传统文化的艺术结晶，是中国古老哲学、诗学、传统礼制、礼教的格式化、物象化、美学化。紫禁城的规划设计理念，紫禁城的选址、布局、造型、着色，紫禁城的高低错落、疏密协调、宽窄相间，紫禁城变化差异中的对应、和谐、均衡，不仅体现了中国建筑审美，更是在文化理念的指引下完成的。

悠久深厚的中国传统文化是紫禁城定位奠基的原点，是紫禁城营建的基准线，或者说古老文化、礼制理念左右了建筑审美取向，这大概正是紫禁城建筑审美，也是中国古建筑审美的独特性所在。

宫城、皇城、京城

宫城、皇城、京城的关系，现在虽然不完整、看不清楚了，但我们知道，它们之间是一圈又一圈的层层围套和护卫的关系。这圈与层，是以高高的宫墙、城墙划分和凸显出来的。

核心是皇宫，且处于京城的中心位置。围护皇宫的第一圈是灰色的宫城城墙，现在原样保留，南北长960米，东西长760米，高11.2米，底宽8.62米，顶宽6.66米，城墙上可容四马并驰，成百上千的卫兵可以在四面围合的墙体上环绕奔走。墙体内外包砖，使用的是细砖干摆①、磨砖对缝的筑砌工艺，为的是使高耸陡直的墙面整齐光滑、难以攀爬。

围护皇宫的第二圈是护城河。是河也是墙。环绕宫城城墙，总长3300米，宽52米，深6米，三合土夯底，条石铺底砌帮，岸筑矮墙，水波荡漾。在城墙与护城河之间20米宽的地带，明朝沿河筑"红铺"40座，每座房3间，守卫10人，昼夜传铃巡视。清朝扩建为连檐通脊围房，传铃巡视改为传递红色木棒巡视，如接力赛般，环绕紫禁城一圈。从外围看，除了神武门、东华门、西华门、午门，还有城墙四角

---

① 一种墙体的施工做法，俗称"磨砖对缝"，即内外墙砖与砖之间的接缝极为平整细致，整面墙光滑平坦，犹如一块整砖雕刻出来。

上既豪华又玲珑的角楼，看不见一点宫殿的模样，只能看到宽宽的护城河，高高的灰色城墙。

围护皇宫的第三圈是皇城墙。红色墙面，现在从东华门与王府井之间的皇城遗址处、遗址公园北端复原的一段皇城墙墙体、天安门东西两侧的红墙都能看得出来，也能从叫作东皇城根、西皇城根的地方想象得出来。

第四圈是北京城的灰色内城墙，在现在的二环路一线，从德胜门、东便门城楼城墙遗址处看得出城墙的雄伟和严实。

第五圈是北京城的外城墙，也是灰色的，明朝时只完成了南面的部分，站在新复建的永定门城楼上可以想象得出来。

一圈又一圈，一层又一层。紫禁城外有皇城，皇城之外有内城，内城之外有外城。中心是皇帝，是皇帝一家，家国天下。紫禁城外的皇城主要是为皇宫、皇家服务的各类机构，皇城和皇城外的内城，也是皇族及朝廷官员占据的地方。以皇帝为核心，按照与皇帝的亲疏远近依次展开，以此确定和巩固皇族、朝廷官员的地位和利益。更重要的是，以这样圈层式的排列和布局，围护、簇拥、突出、保障皇帝的至高无上。

至上至尊的紫禁城既不能超凡脱俗，又必须超凡脱俗。既要在人间，有人气，有臣子，但又不能混同于普通老百姓，也不能混同于王公贵胄。宫城、皇城、京城，圈层分明，群体分明，职责功能分明。紫禁城是至高无上的人间禁地，京城所有的官宅、民宅都是低矮的，只有紫禁城是高大的；京城所有的官宅、民宅都是灰色的，只有紫禁城是黄色的、红色的、金色的；京城所有的街巷道路平整方正、四通八达，只有紫禁城有宽河护着、高墙围着，不准通行，不得靠近，普通人只能想象里面的样子，里面的人站在高处则可以无遮无拦地看远山，看近水，看匍匐在脚下的大片大片的灰色的房屋。

事实上，紫禁城里里外外的高墙厚墙，不管建造得多么坚实，从来就没有发挥过多少防卫的功能。紫禁城宽河与高墙的真正作用，只是把老百姓阻挡在皇宫之外，把一人在上、万人在下的秩序固定下来，把治者与被治者明确地区分、切割开来。不过，帝王的各种防卫办法防止不了王朝的衰落，倒是皇宫成为公众的博物馆后，其高墙、宽河，起到了有效保护世界文化遗产的作用，否则，占地百万平方米的故宫如何守护？每年千万以上的参观人流如何进出游走、流畅有序？这是皇帝们想不到的。与此同时，紫禁城城墙与河的防护功能终于完全让位于中国古代建筑的审美功能，这也是皇帝们怎么也想不到的。

紫禁城的河与墙把帝王宫殿的奢华繁复、宏伟壮丽、铺排交错及神秘隐晦挡在里面，把单纯朴素、方正肃穆、沉稳安静及诗情画意留给每一位观望者。每个走过紫禁城的人，都会着迷于紫禁城高高的灰色的城墙、宽宽的绿宝石项链般的护城河，还有城墙与护城河之间一棵又一棵的依依垂柳。

尤其是城墙四个角上的四座角楼。角楼算不上是紫禁城的重要建筑，但它站立的位置特殊，在紫禁城方方正正、高高长长厚厚的城墙上的四个拐角处，从任何一个方向路过紫禁城，最惹眼的肯定是角楼。

一般城墙上的角楼，主要承担防御守望的职责。紫禁城用不上。一旦兵临城下，角楼不管用，城墙也不管用。角楼主要是让人们看的，让里面的人看着想外面，让外面的人看着更想里面，所以首先要好看。不止一面好看，上面下面，四面六面八面都要好看。所以，在紫禁城里，角楼的审美功能最突出。

由于位置和空间的限定，角楼不可能以雄伟壮观取胜，只有靠玲珑出彩。玲珑和实用关系不大，和复杂、装饰、精致、精巧关系密切。绝对是紫禁城最复杂、最精巧建筑的角楼，一直有"九梁十八柱七十二条脊"之称。从护城河一侧望过去，但见红柱红窗之上，层层叠叠的彩绘斗拱和黄色琉璃瓦顶，簇拥起金光闪烁的鎏金宝顶。十字形屋脊，重檐三层，多角交错，根本数不清到底有多少个翼角翘起，更数不清檐角脊头有多少个吻兽眺望。故宫的古建筑专家统计过，三层楼檐共有28个翼角，檐角脊头共计230个吻兽。

关于角楼的建造，一直有一个故事在流传：在为永乐皇帝建造紫禁城的时候，正当督造的官员和能工巧匠们在高高的城墙拐角处遇到难处一筹莫展的时候，一个提着蝈蝈笼的白胡子老头儿悠闲地溜达过来，这儿看看，那儿看看，看了一会儿，又溜达着走了。一个工匠发现老头儿的蝈蝈笼落下了，正要拿起来去追送，忽然愣住了，这不正是我们要建的角楼吗？官员和工匠们一下子无比兴奋，严格地照着白胡子老头儿留下的蝈蝈笼样子建造，角楼很快完工了，所有的人一致认为，那白胡子老头儿，就是他们的祖师爷鲁班。

紫禁城角楼结构复杂的程度、建造的难度，以及它们的光彩夺目，只能用传说来形容。

大木、金砖、彩绘、巨石

皇帝为自己建造至高无上的"天子的宫殿",当然要用天下最好的建筑材料。

古建筑最大的特点是以木结构为主,紫禁城也是这样。皇帝的宫殿体量巨大,一般的木头不适用,要用大木;皇帝的宫殿里房子多,近万间,要用大量的木料,假如把紫禁城里所有房子的屋顶去掉,一定是一望无际的森林。到底用了多少木料,无法计量。主要的大宫殿要用名贵的金丝楠木,仅支撑起太和殿的柱子就用了72根20多米高、数人合抱的楠木。符合要求的楠木生长在四川、云贵、湖广一带的深山老林里,运输主要依靠自然河流与运河,千里迢迢,千难万险,三到五年才能运到北京。无法想象的采伐运输,持续十几年之久。

紫禁城用砖既多又特殊。地面大多墁砖①,少则三层,多到五层七层。外城墙、内宫墙、房屋墙都要用砖砌,用量更多,总数超亿块。山东临清烧制城墙用澄浆砖,先在水池中浸泡泥土,沉淀澄出上层细泥,晾干后制坯烧制。澄浆砖

---

① 墁砖指用砖铺地。

质地细腻，每块重达24公斤，紫禁城灰色外城墙表层专用这种砖，它们不需要黏合剂，干摆细磨，严丝合缝。

三大殿、后三宫等特殊重要的建筑，地面铺"金砖"，它们并非真金砖，而是言其为砖中极品，贵重如金。金砖分为三种规格，最大者超过100公斤。金砖主要出自苏州，每块砖均在边侧注明规格、烧制年份、窑厂名、烧造人、督造人。金砖以太湖淤泥为原料，经选土、练泥、澄浆、制坯、阴干后入窑，用不同柴草反复烧制130天，制作时须遵时令，烧窑时分软火、硬火，出窑后铲面加工修整，总计26道工序，每道工序又分若干细致步骤，如选土过程中的捶、晒、舂、磨等，澄浆过程中的淘、晾、揉、踏等，全部工序下来，一块砖历经两年时间才可制成，其间任何一个环节出问题，即有可能报废，以至"十不得二"。这样的皇宫用砖，岂不比金砖贵重？铺墁工序同样精细，必须经过砍磨分位、黏结挤缝、表面处理三道工序。三人一组，每天只能铺墁五块。铺定后还需选择适合的气候条件，水磨、泼墨、烫蜡，最后用软布反复揉擦至光亮如镜。

皇帝的宫殿处处彩绘。紫禁城到底有多大面积的彩绘，实在无法精确计算，只能大体上做一个统计：建筑占地面积约16万平方米，有彩绘的建筑占地面积约14万平方米。每座建筑的彩绘部分、彩绘面积各有不同。大多数建筑，尤其是一组又一组建筑群落中体量较大的主体建筑，从外檐、斗拱、脊檩到天花，也就是整个建筑的上半部分，从外到里全都彩绘。能看到的地方彩绘，看不到的地方也彩绘。不少彩绘并不在一个平面上，木构件的角角落落都有，要想精确计算彩绘的面积的确太困难了。

木建构本就复杂,皇宫建筑尤甚。皇帝的彩绘和皇宫的木构件一样复杂。按总的程序,依次有处理木构件表面,做地仗(地仗有使麻、使布、不使麻布等十几种),油饰垫层,磨生油,过水布,起谱子(设计构图、描画纹饰),打谱子,勾线条,沥粉,刷色,油皮,贴金,等等。从单项看,图案着色多达30多种,油饰各色做法四五十种,仅朱红一色就有8种细目,总计各种工艺工序百种以上。

明史载,三大殿重修,皇帝下令征召牛胶万斤为彩绘用。清康熙三十四年(1695)重建太和殿,据《太和殿纪事》载,彩绘用红、黄金箔128万张(每张约110平方厘米),大青6吨,绿1.6吨,银朱1.8吨,桐油33吨,白面17吨,油饰彩绘经费总计用白银4.9万余两。前些年大修午门、太和门、太和殿、神武门,为修饰部分彩绘仅黄金就用去十几公斤,做成加厚金箔199万张。以此类推,再算上不断地修饰、油饰,整座紫禁城的彩绘到底用去多少珍贵的材料,实在也是无法计算的。

紫禁城建筑使用了大量的石料,主要有京郊的汉白玉,河北曲阳的花岗岩,蓟县的五彩石。中轴御道的大块石料,护城河、金水河护岸与石桥,重要宫殿坐落的高高的汉白玉须弥座,到处可见的汉白玉石栏杆,尤其是大小宫殿前后雕龙雕凤的丹陛石,虽说开采自不算远的京郊房山、门头沟,但开采和运输绝非易事。太和殿所在的三台的最后面,即从保和殿后面走下高台的台阶中间,斜铺一块紫禁城中最大的云龙大石雕,长16.57米、宽3.07米、厚1.7米,超过250

吨重。这么大、这么重的庞然大物，600多年前，怎么开采？怎么弄到紫禁城里？明朝史料里有记载，开采，用1万多民工，6000多士兵；运输，数万民工先修路，紧接着在道路两旁每隔一里掘水井一口，共掘水井140余口，选择滴水成冰的冬日，从井里提水泼在路面上，直到泼出一条明亮光滑的冰道。2万多民工，1000多头骡子，整整拖拉了28天，用银11万两，才将这块巨石安放到位。大约过了350年，不知出于什么原因，乾隆皇帝下令将原初的海水江崖、卷草雕刻，以及飞腾于流云间的九条高浮雕巨龙，统统凿掉，凿去的厚度约0.38米，再按照乾隆皇帝的意旨和审美趣味，重新雕刻成现在的样子。在建造紫禁城的十几年间，最忙碌的是大运河，大小船只连绵不断。北京城中心成了大工地，北京城成了大料场，至今仍留下相关地名，如通惠河边神木厂、广渠门外皇木场、西单北大木仓、崇文门内台基厂、景山公园西大石作、平安大街油漆作、地安门外方砖厂、和平门外琉璃厂。

　　明清皇帝500多年里不仅建造、扩建、修缮皇宫，还有庞大的皇家园囿、皇帝陵寝、众多的皇家皇族王府宅第，耗费资财、奴役百姓不说，对自然生态环境的破坏触目惊心，无可挽回。单看消耗木材一项，需要毁坏多少林木？有记载，临清遍地烧窑，烟雾弥漫，泉流干涸，林木伐尽，连枣树、桑树也难幸免。

防震防水难防火

皇帝建皇宫,想的是传承千秋万代的基业。皇帝工程紫禁城,建造质量一定要保证天下第一。

先说看得见的高墙。紫禁城的墙到底有多少道?有多长?最外层的灰色的宫城城墙的长度是准确的,3440米;把紫禁城的后半部分,也叫后寝部分,围成三个区域的红色的宫墙的长度也是准确的,4835米;比此类宫墙矮,将不同区域分割成大小90余处院落的,也是红色的宫墙,或可叫作院墙的那些部分,就不大好准确计量了,大约1.05万米。三类合起来,近2万米,20公里,若沿宫墙疾走一回,少说也得四个小时。

作为护卫的,作为分割区域、隔离院落的,作为还能起防火作用的皇宫的宫墙,无论从哪个方面看,规格都是最高的。首先是高。护城河环护着的灰色的城墙,高11.2米;城中的宫墙,高的8米,矮的也有6米。朱元璋开启了有名的"高筑墙"时代,由此推测,从明朝开始的皇帝的宫墙,其高度大概会超过以往皇帝们的宫墙。其次是坚实。高11.2米的宫城城墙底宽竟达8.62米,顶宽6.66米,足见其敦实程度。根基用石灰与黄土按比例搅拌成混合土夯实,中间再用江米汁加石灰拌成的"雪花浆"泼浇三次,墙体内外侧为"横七竖八"15层特制城砖结构,中为夯土,外墙面磨砖对缝,这样的构造，形容为"固若金汤"也不为过。

紫禁城内的宫墙更是里外上下全部用石、砖、瓦砌成，表层灰浆涂抹，再刷上红色涂料，高耸陡直，料想无论怎样的飞檐走壁的武林高手也只能望墙兴叹。重重叠叠的高墙垒壁，使皇帝的宫殿威仪有加。如宫里所有的宫殿上覆盖黄色的琉璃瓦屋顶屋脊一样，所有红色的宫墙上，都砌起了黄色的琉璃瓦墙脊墙顶，宫殿的宫墙也威仪有加。一面面开阔的红墙上，一道道笔直的黄色的琉璃瓦脊在太阳的照射下金光闪烁——世界上哪里还有如此高贵如此奢华之墙？

再说看不见的地基。紫禁城的地基被称为"满堂红"，即整体性基础。砖墁的庭院地面，少则三层，多到七层。宫殿的基础，先挖出大型斗形基槽，打进木质地钉，在地钉上用圆木纵横交错铺设成舞台式地桩承台，然后铺土衬石，碎砖夯筑，形成安放柱础、立柱架梁的坚实平台。

最重要的太和殿的基础一定是最雄厚、最坚实的。站在太和殿下沉式广场看得很清楚。为了三大殿的坐落，2.6万平方米的"土"字形地基、台基拔地而起。太和殿坐落在"土"字的"十"字交会处，端坐在世界上最大的"土"的中心。"土"字地基深入地下8.5米，高出地面8.13米。打桩、换土、投石、填砖、加筏、夯筑，16.63米厚的坚实的整体性基础牢牢地镇住了数百年来任何一次强烈的地震，泰然自若地守护着皇家宫殿不可动摇的地位。

紫禁城地基无比坚实，与地基一体的排水系统无比奇妙。遇到大雨瓢泼，就会想到一个问题：紫禁城数十万平方米的琉璃屋顶、砖石地面，总计近百万平方米的范围，突然大雨倾盆，刹那间会汇聚起多少雨水？可是，不管下多大的雨，不管下多长时间，几百年来，紫禁城中从未有积水之弊。紫禁城建成后多次遭火灾，但从未遭涝灾——紫禁城的地基，预设了规范、严密、实用的快速排水系统。从排水系统看，紫禁城里的金水河，既是最唯美的，也是最实用的。由西北至东南贯穿皇宫的金水河，不仅给威严肃穆的皇宫以灵动委婉之美，更重要的，金水河是紫禁城的排水总干渠。联通总干渠的地下雨水沟，总长1.1万米，总体上北高南低，高低相差1.22米，具备快速的自流排泄能力。四周的城墙上，外侧高，内侧低，雨水流向内侧，内侧墙砌出排水石槽。大宫殿前后宽敞的高台，中间高，四周低，急落的大雨顺高台逐层跌落，流入广场中。开阔的广场北边高，南边低，中间高，两边低，雨水分别向西南、东南流出。各宫院设明槽暗沟，由东西向支渠，汇入南北向干渠，经主干渠汇入总干渠金水河。靠近中轴的暗沟较浅，深0.4～0.5米，越向外越深，可达1～2米。由浅渐深，沟沟相通，沟河相连，水大水小，通畅无阻。

紫禁城防得了震，防得了水，却防不了火。

据不完全统计，明清两代500多年间，紫禁城总计发生火灾61次，其中明确记载由雷击引发的火灾24次。排列在中轴线上的高大建筑，太和殿、中和殿、保和殿、太和门、午门等，最容易遭受雷击。太和殿最高大、最雄伟，被雷击的次数最多。

最早的一次，在永乐十九年（1421）紫禁城正式启用后还不到100天，奉天殿即遭雷击，三大殿全被烧毁。大火无法控制，终夜肆虐，直至第二天下午才被扑灭。有古籍记："三殿灾，火势猛烈。而奉天门东庑切近秘阁，公奋身直入，麾卫士三百人，将御书、图籍并积岁制敕文书，异至东华门河次。"

紫禁城烧得最惨的一次，是嘉靖三十六年（1557）夏四月的雷击。《明世宗实录》记载：雷雨大作，火光骤起，三大殿至文武楼（体仁阁、弘义阁）、奉天门、左顺门、右顺门、午门、午门外左右廊尽毁。也就是说，紫禁城前朝部分几乎全部烧毁。仅清理现场，就调动了三万名士兵、五千辆小车。木料烧光了，石料一尺以上及尚可用之砖瓦堆留备用，汉白玉石烧成石灰者，亦堆留备用。嘉靖四十一年（1562），重建主要工程完成。三大殿分别更名为皇极殿、中极殿、建极殿。

除天灾外，还有人祸。李自成撤出紫禁城时，放火烧了皇极殿。清顺治皇帝进入紫禁城，只好在皇极门（太和门）颁诏天下，改朝换代。顺治二年（1645），重修皇极殿，第二年建成，改名太和殿。康熙八年（1669），太和殿重修，当年完工。康熙十八年（1679）十二月，六名太监在西膳房做饭时引发火灾，两小时后烧着了太和殿。火灾距康熙皇帝重修太和殿刚刚10年，虽然比朱棣皇帝的不到100天长了许久，但对康熙皇帝的打击同样很大。时遇地震大赦天下，康熙皇帝说烧毁宫殿之罪不赦，六名太监被绞死。16年后，太和殿方重建。康熙三十六年（1697）建成。紫禁城又一次在将近20年的时间里，其核心之处一直是废墟一片。与朱棣一样，康熙皇帝也没有立即收拾废墟，而让太和殿废墟长久地裸露在他的眼皮子底下。康熙皇帝看着太和殿的废墟，东南西北地忙着收拾他的国家：平三藩；统一台湾；指挥中俄战事，解决边界问题；三次亲征漠北，治理北疆。与朱棣不同的是，康熙皇帝的收获令他满意。到康熙皇帝有心情收拾宫殿里的一片废墟的时候，他便格外地用心了，尤其是对防火大事。

太和殿大屋顶上大屋脊两头，安装着两个昂首向天的"大吻"。这两个大吻的地位太重要了，它们处于天下顶级的建筑的制高点，处于至尊至荣的"天子的宫殿"的最高处。它们绝非一般的建筑构件。关于大吻的说法不止一种。有说由鸱尾演变而来，言海中有鱼，虬尾似鸱，激浪即降雨。有说为"龙生九子"之一，好登高瞭望，能降雨防火。在康熙皇帝心里，实实在在是祈望能降雨防火的。他知道，这金銮宝殿明朝就被烧毁过多次，到他手里又一次被烧毁了。为此，他也像朱棣一样，很是自责了一番。为重修，着实费了他太多的物力、财力、心力和时日。据说大吻构件烧制好后，康熙皇帝特派重臣到窑厂恭迎，如迎接皇帝一般。

用这样的方式和想象防火，适得其反。由于大吻拉着金属链，屋脊宝匣中有五金，意在护佑，实为招引雷击。真能起点小作用的是金水河的河水，还有遍布宫中的百余口水井，300余口铜铁水缸。每口水缸口径1.6米，高1.2米，重3392公斤，可容水2000升，严冬缸底可置放柴火炭火融冰。可是，这些措施，对于庞大的木结构宫殿建筑群来说，不过是杯水车薪而已。

只有进入现代社会，树立现代防火意识，运用现代防火技术，紫禁城才可确保万无一失。现在，紫禁城里的每一处建筑，都安装有接地的避雷针、避雷带；有全天候全覆盖的安全监控；有所有观众进入紫禁城时的防火检查；有经常性的消防教育与消防演习。特别是消防演习时，看到一排排消防车喷洒的水柱，越过高高的太和殿屋脊，康熙皇帝的太和殿大吻立刻被水雾迷蒙，便顿时放下心来。

大修故宫

清末八国联军入侵，慈禧、光绪出逃，紫禁城一片狼藉，宫殿门窗飘零，庭院荒草萋萋，在宫外也看得见门楼、角楼窗户洞开。1924年溥仪出宫后，国家筹备成立故宫博物院，清点登记各处文物，宫内有些区域须砍草开路。新中国成立后，保护故宫文物的当务之急，就是全面清除垃圾、整治环境。50年代，从内金水河挖出淤泥5000多立方米；清理疏通了总长9公里用于排水的明沟、暗沟；清运出多达25万立方米的渣土、碎砖乱瓦，有专家说，其中有明朝的遗留。这么多垃圾，如果铺一条2米宽、1米厚的路，能从北京铺到天津。

随着经济的发展，国力的强盛，国家保护文化遗产的力度越来越大。20世纪末，放空故宫护城河河水，彻底清除近20万平方米的河床淤泥，条石铺底，维修河岸，护城河河水从此碧波荡漾，蓝天白云或朝晖夕映，驻足东北角、西北角瞭望，故宫"宛在水中央"。

21世纪初，被称为"世纪大修"的故宫大修启动。大修工程历时20年，预算经费20亿元人民币。应修尽修，全面修缮，到紫禁城落成600年（2020）时基本完成。

故宫大修开展顺利。积累了好几年的经验后，修缮力量,修缮工程,集中到中轴一线的重要建筑上。故宫中轴是观众聚集的热线、热点,大修连一天的正常开放也没影响。故宫博物院想得更周到、更深远的是,不仅要让成百上千万的观众,见证数百年不遇的故宫大修,还要让观众面对大修现场,身临其境,既直观又深入地学习中国古代建筑文化、建筑工艺、建筑艺术和文物保护的知识。就拿太和殿来说,诸如太和殿为什么要大修,用什么方法大修,太和殿建造修缮的历史,太和殿的使用,太和殿的结构体量,太和殿的重檐、斗拱、和玺彩画是什么样子,太和殿大吻、脊兽的形制、样式、名称,皇帝的宝座,殿内的其他陈设,等等,都是需要普及的知识。为此,故宫博物院把修缮太和殿的工地围挡,做成全面展示、宣传太和殿相关知识的图文并茂的展板,大修工地立刻变成了巨型露天展场。展板映衬着汉白玉栏杆、被施工网笼罩着的太和殿,别有一番气象,以至于有艺术家、设计师相互告曰:到故宫去,看世界上最有历史感的超级装置艺术。

　　故宫大修,不仅为国人关注,也吸引了世界的目光。2007年5月底,联合国教科文组织世界遗产中心等机构联合在故宫博物院召开了"东亚地区文物建筑保护理念与实践国际研讨会"。来自20个国家及国际组织的60余名专业人员出席,并极为仔细地现场考察了大修中的太和殿工地。

　　会议之前,世界遗产委员会据有关报告质疑故宫博物院、颐和园、天坛等世界遗产地正在进行的维修工程是否过于仓促,是否缺少足够依据,是否有清晰的指导原则。经过实地考察和研讨,会议肯定了上述遗产地修复的工作方法及其效果，形成《北京文件——关于东亚地区文物建筑保护与修复》及附件《关于北京世界遗产地保护与修复的评价与建议》，并认为文件"将成为今后中国、日本、韩国等东亚国家木结构文物建筑保护、维修的纲领和实施准则，并在世界范围内有参考价值"。故宫大修直接引发了世界文化遗产保护领域及保护历史上这次重要会议的召开，由此也证明了故宫大修的公众瞩目度及其世界性。所以说，故宫大修不是一个简单的维修工程，这里面凝聚了非常丰富的过去、现在和未来的历史文化信息。这次大修成为历史被记载了下来。

二 中轴线上

认识皇权帝制,皇宫是「标本」,太和殿是「标本」中的「标本」。

中轴、御道、轴对称

故宫是北京城的中心。故宫中轴,即前三殿、后三宫一线,是故宫的中心,也是北京城中轴线的核心地段。

几乎所有论说故宫、北京城的专家学者都一致赞扬被营建者发挥到极致的这条贯通北京全城的中轴线。它南起永定门,穿故宫而过,北达钟鼓楼,长达约8公里。

许多年以来,只有皇帝和极少数人可以沿着中轴线进入紫禁城,进入太和殿;现在,所有的人都可以像当年的皇帝那样沿着这条中轴线走进故宫。可是,并非所有的人都能意识到京城营建、故宫营建的轴线结构的意义。600多年过去了,就北京城中轴线而言,虽然最重要的建筑还在,大体的格局还在,但变化还是不小的。

1420年紫禁城落成之初,这条中轴线起于前门。100多年后的嘉靖年间,京城扩建,中轴线向南延伸至新建的永定门。到了20世纪50年代末,作为中轴线起点的永定门被拆除,中轴线起点消失。21世纪初,永定门城楼复建,中轴线起点重新浮现。

如果你站在复建的永定门城台上向北望去,那条引人入胜的中轴线便会清晰地出现在眼前:一条笔直的大道直指远方,天气晴好的时候,4公里处的正阳门清晰可见,正阳门后是天安门,天安门后是端门、午门、三大殿……再往后是景山、鼓楼、钟楼。这条笔直的大道像一束强光那样照向这座城市里最有历史感,也是最重要的建筑。

从永定门到前门并不算最重要的地段,只是掀起高潮的前奏。即便如此,也非同寻常,特别是过了天桥靠近前门的地方,这里曾经是乡野走入都市、茅屋幻化宫阙、江湖登临庙堂、散漫纳入秩序的过渡地段。皇帝的间或出入并不是最重要的仪式,最平常也最具魅力的是王公贵族、外国使者、地方官员、文人学士、科考举子、古玩戏艺、商人旅人的八方汇聚、朝夕交流,客店商号云集,大小会馆多达140余处。行走在这样的闹市街区,本来理当应接不暇、流连忘返,可是,现在所过之处除了它的名字及由此产生的联想之外,已经变得与一般的街市没有太大的差别。前些年尽可能按当年原样修复的一段前门大街重新开张,似乎也难体会到旧时情境。

正阳门城楼、箭楼还留着。虽然门楼还是原来的门楼,可是,没了瓮城,没了向两边延伸的城墙,如永定门一样,怎么修也恢复不了旧时容貌。正阳门至天安门间的中轴线地带的变化就更大了。正阳门北数百米的地方,不管是明朝的大明门还是清朝的大清门,对那时的普通百姓永远是关闭的。大门前石栏杆围起来的叫作天街的广场,也是和皇门一样的禁区,因为以这个门为起点,进入紫禁城的皇帝的专用御道就开始了。青石御道穿过深深的门洞,笔直地向北延伸。御道两侧,各144间红柱连廊、灰瓦通脊、东西向朝房相对排列。两排朝房相距60米。60米的通道够宽了,但是,在500多米长的连绵的红色廊柱灰色屋脊的簇拥下,任何人穿行其间，都会不由自主地产生被挤压着走向深处、远处甚至天尽头的感觉。这段被称为千步廊的建构，实在是建筑史上一处异常奇特的建筑空间。单调冷静、整齐划一、连续重复的封闭性狭长空间，会时时处处发散出鲜明强烈的甚至是强制强迫的规定性、导向性，根本由不得人停步、观看、思索、选择，前面只有一条被指引着尽快向前走的路。路尽头是宏伟的承天门（天安门）。承天门承接的是紫禁城。

看那时的地图上，千步廊的北端，距天安门还有不短的距离。向东延伸，有长安左门；向西延伸，有长安右门。向北，是天安门前金水河上的五座汉白玉石桥。这一豁然开朗的宽阔空间叫作北天街，与南面大明门外的南天街对应。北天街与千步廊共同组成天安门前的"T"形御道广场。

1914年，民国政府拆除千步廊，迈出改变皇帝御道为现代广场的第一步。1952年，新中国先后拆除长安左门、长安右门；1958年，拆除周边高6米的红墙，拆除原各衙署建筑，拆除中华门，大范围、大面积地扩大天安门广场。1959年，人民大会堂、中国历史博物馆、中国革命博物馆、天安门观礼台落成。至此，南北880米、东西500米的天安门广场，成为全世界第一大城市广场。

现在，毛泽东纪念堂、人民英雄纪念碑、中华人民共和国国旗杆，依次排列在原来的御道正中。天安门广场上天天人流如织。成千上万的游人中，很少有人想到他们正徜徉在昔日的皇家禁地，很少有人感觉到他们正在不停地从当年皇帝御道的这边走到皇帝御道的那边，从皇帝的广场的这面走到皇帝的广场的那面。皇帝的广场与现代的广场本质对立：

皇帝的广场是内部的、封闭的、个人的，现代的广场是向外的、开放的、公众的。每逢重大庆典，数十万上百万民众在此载歌载舞，维护帝王威严的皇帝的广场最终成为公众集会狂欢的人民的广场。

站在外金水桥与天安门之间南望，掠过汉白玉拱形桥面，本来可以看得见大明门、正阳门甚至永定门重叠的门洞，正如回首北望，穿过天安门、端门的门洞，看得清午门的门洞一样。可是现在，向南的御道和门洞都不见了，只见宽广的天安门广场人流如织，五星红旗迎风飘扬，人民英雄纪念碑高高耸立。

大部分人选择从天安门进故宫，以为一进天安门，就可以看到故宫的午门了。其实不是。穿过天安门，你会看到又一座与天安门差不多的门，这座门叫端门。明清以前历朝历代皇城的南门，也多有叫端门的，是因为传说天上天帝所在的紫微宫的南天门叫端门。

从天安门外进到皇宫里面，要经过三座门：天安门、端门、午门。三座门都不是敞开的大门，都是宏伟的城楼矗立在高高的城台上，高深的门洞伸进厚厚的城台里。从其他门进紫禁城，只穿过一个门洞。从南门、正门很有仪式感地进紫禁城，至少得穿过三个门洞（加上大明门则是四个）。一次又一次的别有洞天，一次又一次地强化进入另一个世界的感觉。

三座门中间的端门的位置很特殊，在功能上是走进紫禁城的又一个过道。有人说天安门与端门间的方正广场，是进皇宫前的一块缓冲地，有助于心理过渡、调整节奏，有助于整理衣冠、端正仪容。这些说法不无道理。但真要体会端门位置的特殊，还得登上城台，前后左右、四面八方地仔细看看。

分别站在城台南北的正中，居高临下，你会格外清楚地看到，端门城台下穿过门洞的青石御道，向南向北，笔直地贯通天安门与午门的门洞。南面，天安门背影清晰。目光掠过城台两侧，人民大会堂、中国国家博物馆历历在目。北面，雄浑壮丽的午门全貌尽收眼底。走到城台的西端，整个社稷坛就在眼前。这处明清两朝用来祭祀土神谷神的场地，早在1914年就被辟为中央公园，后为纪念孙中山又改名为中山公园，虽然改建和添建了不少建筑，但五色土铺就的社稷坛及拜殿、神厨神库、坛墙等仍在，还有古柏森森围绕其间。端门东面是明清皇帝祭祖的太庙，站在城台东北角，只觉得太庙大殿的黄色琉璃瓦大屋顶，简直铺排得无边无际。这样南北东西、四面八方地看看，你就会明白，北京的中轴，皇帝的御道，是怎样组成以中轴为中心的从古到今的轴对称，又怎样引领你走进皇帝的紫禁城，走进公众的博物馆。

对于中国现在的首都，也是中国历史上著名的古都北京来说，2008年北京奥运的特大亮点，莫过于让全世界的人们突然发现或者更加清晰地看见和感知了这条伟大的中轴线。中轴线闪亮登场的高潮，是奥运会开幕式上仿佛来自天外的巨人留在天空中的脚印，巨人从永定门的上空跑向"鸟巢"的上空。那一刻，不只是北京人，全中国、全世界的人，都清清楚楚地看见了29个巨大的脚印刹那间照亮了北京城那条醒目的、伟大的中轴线。

第29届夏季奥运会开幕式的设计者着意突显的中轴线南

起永定门，北至奥运主会场"鸟巢"。事实上，它们并不是中轴线的两端。更确切地说，中轴线本无起点与终点。中国古代的宇宙观里包含天有天轴、地有地轴，且天地对应的说法。中轴线既是中国古代都城营建的时空定位，又是可以无限延伸的时空概念。现代的延伸与古代的延伸遥相呼应：永定门正南的南苑，是当年的皇帝们从中轴线向南延伸出来的狩猎、操练军队的皇家御园；鼓楼、钟楼正北，是现在为奥林匹克运动会从中轴线向北延伸出来的"鸟巢"国家体育场、奥林匹克公园。而中轴线的无限延伸，便贯通了广袤大地、江河山川，贯通了古代与现代、时间与空间。

600多年前，随着这条中轴线的确定，中轴线上最核心、最重要的建筑紫禁城横空出世。从那个时候开始，这座集中和代表了中国古代建筑科学、建筑材料、建筑工艺、建筑艺术最高水平的宏伟的皇帝的宫城，就以其独特的魅力吸引着世界的目光。2008年，以故宫为核心的中轴线上，一座足以代表当今建筑科学、建筑材料、建筑工艺、建筑艺术最高水平的巨大的"鸟巢"落地。由于第29届夏季奥运会开幕式，更由于与故宫的关系，"鸟巢"备受全世界的高度关注，并被评价为当今世界上最优秀的建筑之一。跨越600多年的时空，故宫与"鸟巢"，森林般的木结构网络与森林般的钢结构网络，连绵铺排的黄色琉璃砖瓦装点的中国古代皇宫建筑的优美曲线，与扭结舞动的灰色钢筋铁骨的优美曲线，在同一条中轴线上相守相望。中轴线上古老的紫禁城与现代的"鸟巢"，足以成为最有意味的彰显中轴线深厚历史内涵及过去、现在、未来相连互动的形象标志。

穿越宫门

从天安门走进故宫的道路设计，具有很强的引导力量。首先，你一定是在对宏伟城楼（天安门）的仰望中，走过鲜亮洁白的拱形汉白玉桥，然后不由自主地进入高深莫测的长长的门洞的；之后还是在对宏伟城楼（端门）的继续仰望中，再一次不由自主地进入又一个高深莫测的长长的门洞的。你以为可以走进故宫了，然而，等着你的是更加宏伟的城阙城楼——午门。

故宫千门万户，午门为最。

午门是紫禁城的南大门。皇帝坐北向南，天子面南而王。南门是紫禁城的正门，正南在二十四方位中属午位，故名午门。午门通高35.6米，比紫禁城中最重要的太和殿还高，足见其皇宫第一门的地位。

12米高的红色城台三面围合，城台上五楼耸峙，廊庑通贯。正门楼重檐庑殿顶，四坡五脊，面阔9间，进深5间，前后出廊，建筑面积1700平方米。正门楼两侧及东西两翼城台南端各有一座重檐四角攒尖阙楼，共四座，与正门楼合称五凤楼。五座楼与连接两翼阙楼的各13间庑廊浑然一体，巍然错落，连贯舒展，欲升欲飞，故庑廊又称雁翅楼。

午门正中门楼两侧各有明廊，安置钟鼓。皇帝祭祀社稷

二　中轴线上

坛、天坛、先农坛出午门时,门楼上鸣钟;祭祀太庙出午门时,门楼上击鼓;宫里举行重大活动,皇帝登临太和殿时,钟鼓齐鸣。

遥想当此时刻,站在楼下门前高墙崇楼围合起来的近1万平方米的凹形广场中,仰望城台楼宇,顾盼左右连阙,耳听鼓声钟声,面对的仿佛不是皇帝的宫殿,而是天下那些著名的城池关隘,万里长城上的城门关楼。铁马雄关,高天长风,壮怀激烈之感油然而生。

皇帝们或许也是这样想的吧,午门因此成为历朝历代的献俘处。明万历皇帝四次在午门举行献俘礼。清朝频繁用兵西北、西南,康熙、雍正、乾隆三朝以至道光朝多次在午门举行献俘礼,乾隆皇帝就举行过四次。当时,午门正楼设御座、张黄盖,阵容庞大的卤簿仪仗[①]设于城台下,王公大臣文武百官分列侍立,皇帝龙袍衮服乘舆出内宫、升御座,钟鼓齐鸣,兵部官员率将校引战俘下跪,兵部尚书奏:平定某地,战况如何,战俘几多,谨献阙下,请旨。皇帝降旨,或交刑部,或恩赦释放。于是战俘叩首谢恩,王公百官行礼,乐声大作,欢声雷动,响彻云霄,好一派威风凛凛威仪天下的气势。把午门建造成天下雄关的架势,最适合举行这样的仪式。抗日战争胜利后,在太和殿前隆重举行侵华日军投降仪式,大概与午门献俘不无关系。

[①] 卤簿仪仗是古代皇家重大活动的典章制度之一,包括仪仗队、乐团、表演、车辆、安全保卫等整体规模的成文制度,根据出席人级别区分等级。

皇帝们既在午门炫耀胜利的功绩，也常常把午门作为处罚违背圣意者之地。献俘对外，处罚对内，对外、对内不同，显示皇权威严则是一样的。民间有"推出午门斩首"之说，紫禁城历史上并无此实例。不过明朝曾将午门外做廷杖场地。廷杖是皇帝处罚大臣的一种非常残忍的刑罚，被皇帝下令处以杖刑的大臣，多被拉到午门外行刑。使杖的轻重又掌握在宦官手中，明朝就有数十名大臣当场死于杖下或杖后不日而亡。

与此类行径形成鲜明对照的是康熙皇帝。康熙七年（1668），年仅15岁的小皇帝为解决明末以来的中西历法之争，让研究和主张西法的来自比利时的传教士南怀仁，与反对变更传统历法的杨光先、吴明烜先后在午门外广场和观象台，当着王公大臣的面，各自计算、验证天象，结果，"南怀仁逐款符合，吴明烜逐款截错"，康熙皇帝遂任命南怀仁为钦天监监副并下令采用其中西合璧的新历。颁布历书，是农业国家的一件大事。每年的十月朔日（初一），都要在午门举行颁布时宪书（历书）的仪式，称为颁朔礼。后人完全有理由把展现于午门前的这种"公开""透明""让事实说话"的做法，评价为康熙皇帝给紫禁城带来的讲究科学的些许曙光。

走进紫禁城的道路设计，其核心不只是引导你，也是逼迫你、规范你的身体与意识，必须走在这条预设的道路上，必须走进预设的洞窟里，三进三出，直到你充满疑虑甚至疲惫的时候，突然给你豁然开朗的奇异感觉。似乎若非如此，你不可能发现一个超凡脱俗的皇帝的新世界。

连午门的门洞设计，也寓意十足。本来都是一样的券洞式门洞,但午门门洞入口处,即向外的一面,特意处理成与城阙相应的方正形;而出口处,即向内的一面保持了圆弧形——别有洞天,地方天圆。外面是"地",里面是"天"。这一看似不经意的设计,就是要千方百计但又很自然地让你经历了三次穿越之后,有一种超凡脱俗的感觉,让你不禁问自己:我看见的,我正要走进去的,是人间天上,还是天上人间?紫禁城的城门由此被赋予天地过渡的功能——从俗世进入天界。加之一出圆弧形门洞,展现在眼前的是开阔空旷的巨大广场,本来是皇宫的前庭、前院,就这样给了你天上宫阙的感觉。

午门正中的御道门正对太和门。

在午门外任何一个角度看,坐北朝南的雄关午门是绝对的主体、主宰;一旦从午门进入紫禁城,直面宫殿的正门太和门之时,午门即刻成为太和门的倒坐门,成为太和门的陪侍者、服从者。

太和门也一样。在午门与太和门之间的广场里,通向太和殿的太和门是绝对的主体、主宰;一旦从太和门进入太和殿广场,直面太和殿之时,太和门即刻成为太和殿的倒坐门,成为太和殿的陪侍者、服从者。

本来是够隆重、够盛大的空间里的主宰者,居然在一转身的瞬间,变身为另一个更隆重、更盛大的空间的服从者。或许这正是皇帝时代鲜明等级制的含义与特征。但是,这种由体制和位置决定的两面性,并不影响它们各自在属于自己空间里的主宰地位,何况它们都是雄踞御道上的重要建筑。

紫禁城里的主要建筑,凡是供皇帝直接使用的建筑,一定不是建在平地上，而要建在紫禁城特有的须弥基座上。须弥来自佛教文化，皇帝的宫殿取须弥之神圣、崇高、中心之意。端坐在汉白玉须弥基座上、被汉白玉栏杆簇拥着的太和门，由当时铸造水平最高、体量最大的气宇非凡的青铜狮子守卫，与汉白玉栏板、栏杆护卫的金水河，与汉白玉内金水桥，形成优雅的组合，既庄重雍容，又灵动圣洁。

作为太和殿的南大门，太和门自然是紫禁城中规格最高的大门。汉白玉须弥座台基高3.44米，基座上的殿宇式大门，面阔9间，进深4间，建筑面积达1300平方米。拾级而上走进太和门，总觉得不是进了门，而是登了堂，入了室。满堂红柱林立，屋顶彩绘满铺。能开能合的3个门开在殿堂的最后边，6扇门朱漆金钉，光彩夺目。门的前面是开阔敞亮的可以充分利用的厅堂。事实上，许多治国理政的大事在这里进行。明朝时太和门名奉天门、皇极门，是明朝皇帝"御门听政"之处。既是大门，又是殿堂，当门听政，当堂议政行政。清朝入关的第一个皇帝顺治帝，就在此门登基，颁诏天下，宣告一个新的朝代开始了。

明朝早期的皇帝们还是很勤政的，差不多日日早朝。每日天蒙蒙亮，文武百官就得匆匆赶到，风雨霜雪，概莫能外，想来也是极辛苦的。维修太和门的时候，发现门厅东南角大红柱旁的地面上，原本极结实的"金砖"，竟有显然是被双脚磨出来的凹痕。想来站在这个位置的大臣，不大被皇帝看得清楚，也不大为别人关注，有机会不停地搓动冻痛的双脚；也有可能是侍卫值守的位置，站立既久，又不为他人注目，双脚的搓动便可以更频繁些。

和紫禁城高大宫殿的命运一样，太和门也没逃脱被烧毁的厄运。最惨的是清末光绪十四年（1888）12月15日深夜，大火先从太和门西侧的贞度门烧起，向东延烧至太和门，继续向东延烧至昭德门。失火灭火连续两天两夜，太和门和左右两侧的贞度门、昭德门及其廊庑全部烧毁，这时距光绪皇帝大婚婚期仅一个多月，而太和门又是皇后凤舆入宫必经之处，重建一座面阔9间、进深4间的宏伟宫门已无可能，不祥之兆，朝野震惊。皇帝的大婚日期是万万不可更改的，情急之下，慈禧太后命人在原址按太和门形制搭建了一座彩棚应急，居然搭出了"虽久执事内廷者，不能辨其真伪"的效果，真算得上一桩天大的奇事。

走过金水桥

参观故宫会经过两座桥:天安门前的外金水桥,午门内的内金水桥。也就是说,要进入皇帝的宫殿,先要跨过一座桥,接着穿过三个门洞,然后再跨过一座同样的桥——多么奇妙的过渡与穿越的组合!

想想看,不论哪位皇帝,他在紫禁城里走动,如果看不到河水的流动,他可能就缺少了坐拥天下江山的感觉;他离开紫禁城,或者从外边回到紫禁城,如果不跨过一条河,这种感觉可能更加强烈。现在好了。内外金水河,内外汉白玉桥,足以让皇帝们得到莫大的安慰。紫禁城、金水河、汉白玉桥——多么尊荣亮丽的色彩,连名称都这么响亮悦耳。

朱棣站在刚刚造好的午门与奉天门之间的金水桥上。这五座汉白玉桥横卧在弯曲有致的金水河上,最中间的那座桥只有他能通过和站立。他知道这座桥宽,其余四座窄;他看见这座桥两侧是云龙望柱,别的是火焰柱。他抚摸着洁白的汉白玉云龙望柱凝视沉思。金水河环抱着他的紫禁城,白玉桥拱卫着他的金銮殿。他知道他的紫禁城是方方正正的,从外看,从里看,所有的建筑,城墙、宫墙、院墙,大院、小院,大的宫殿和小的配房,一律是方方正正的。他知道他的紫禁城必须方正端庄,才能显示帝王的庄重威严。但有时候他不免觉得是不是太过端正庄严了，以至于这么大的紫禁城总是安静得出奇。不管有多少人，都得屏气静声。

现在好了，弯弯曲曲的金水河就在他的眼前。虽说除了下大雨，金水河并没有流动的声音，但这么弯来弯去，声音不就弯出来了吗？这使得他的方正恢宏的紫禁城任何时候都不显得空旷，不感到寂寞了。游龙般的金水河的穿行，弯月般的金水桥的映照，使他的巍峨的宫殿更加庄严肃穆；而雄伟壮丽的宫阙也使得他的金水河和金水桥更加曼妙多姿。威严中的委婉，方正中的回环，稳固中的灵动，甚至酷热中的清凉，冰冷中的温暖，真的是刚柔相济、动静相宜、声息相通啊！

所有这些看得到的、想得到的、感觉得到的，甚合朱棣的心意，也甚合其他所有皇帝们的心意。有史料记载，在紫禁城还未正式启用的一个冬天里，金水河结冰，冰面居然出现了楼阁、龙凤、花卉的形状，朱棣大喜，赐群臣观赏。是的，再威严、再冷酷的皇权，也要表现得如金水河般委婉、温和、明亮，如金水桥般纯洁、滋润、柔美。

朱棣甚至有可能因为这些而选择了在奉天门御门听政。在看得见金水河、金水桥的地方决断国家大事，行使至高无上的皇权，或许更有一种靠山面水、指点江山、把握天下的真切感受吧！或许更能体现皇权的流动与扩展的力量，体现皇权的稳固与威猛的力量，体现皇权的渗透浸润、无处不在的力量吧！

建造紫禁城的时候，朱棣一定不止一次沿着金水河视察。陪着他的总管大臣一定会说，在帝王宫阙里放置一条金水河表达天河银汉的意思，从周朝时就有了，既然紫禁城上对紫微星垣，自当有一条河对应天上的银河。他还会从风水学的角度说紫禁城是枕山襟水的，城北堆起一座万岁山，城内环绕一条金水河，这样就天地之气相接、山水之象融合了。他还会具体地解说西北是八卦中的乾位、天门位，金水河从万岁山的西侧，从积水潭、北海太液池，从紫禁城的西北方，即从天门引入，就把天上的生气引入了。这生气贯通紫禁城，由东南方导出，天气、皇气就流布天下了。北方从水，西方从金，金又生水，所以叫金水河。他还会说得更远，说这金水河的水来自北京西北的玉泉山，玉泉山连着燕山、太行山，连着更远处的昆仑山，那是古书里记载的天地的中心；这金水河从紫禁城流出，可以流向黄河、长江，流向东海、南海，这样，皇气、皇权就铺天盖地了。

听着这样悦耳舒心的话，朱棣一定心满意足。他看着一渠清水穿过西北角楼东侧厚厚的城墙流入宫中，弯弯曲曲地转向西边，从灰色的城墙和红色的宫墙之间直中有弯地往南流向西华门，向东拐入武英殿前，在蜿蜒的汉白玉望柱、汉白玉栏板和一座又一座汉白玉石桥的护佑下穿过宽阔的太和门广场，又拐向北，从文华殿后边飘过，经东华门内往南，从东南角楼西侧施施然而出。弯弯曲曲，时隐时现……长达四五里的金水河，竟然在不经意间就被他走了，一如走过他的江山。

金水河其实也有很实用的功能，《明宫史》记得清楚：

> 是河也，非谓鱼泳在藻，以资游赏；又非故为转折，以耗物料，盖恐有意外回禄之变，则此水尽可赖

焉。天启四年，六科廊灾；六年，武英殿西油漆作灾，皆得此水之济。而鼎建皇极等殿大工，凡灰泥等项，皆用此水。回想祖宗设立，良有深意。

宫史里所记防火救火不便明说，供工程用水的功能当然可以明说，还有排水功能更可以大说特说。故宫内约占地72万平方米、总计10多公里的上下排水渠道，支渠干渠，全部将水排入金水河，数百年间，无论雨水多大，从无积水之害。有了这些实用功能，金水河就愈加金贵了。

广场之音

踩着皇帝的御道走进紫禁城，钻进一个又一个门洞，看到一片又一片大广场。太和门广场已经大得出乎意料了，跨过太和门后面的高门槛，一片更大的广场铺展在眼前，而且是尽收眼底的下沉式广场。太和门广场虽大，还有一道金水河、五座金水桥贯通东西，然而，更大的太和殿广场，却坦荡荡空无一物。

端门广场、午门广场、太和门广场、太和殿广场——皇城、宫城内部1万平方米左右的大广场，全部集中在中轴线上，与那些最高大的建筑组成最重要的建筑空间。

天安门高34.7米，端门高34.37米，午门高35.6米，太和殿高35.05米。天安门、端门之间的广场宽100米，端门、午门之间的广场宽100米；午门、太和门之间的广场宽200米，太和门、太和殿之间的广场宽200米。午门前的"凹"形广场9900平方米，太和门广场2.6万平方米，太和殿广场三台下面的部分就超过3万平方米，加上三台之上的平台，共5.6万平方米。一个比一个大，直至太和殿广场，成为世界上最大建筑群内部的最大广场。

正是这样的广场空间的营造，越往里走，越觉得高深莫测，越觉得气势雄伟，越觉得博大开阔，同时越觉得这高深雄伟开阔里弥漫着无比的威严。

这威严一层又一层地裹紧每一个身临其境者的身心，一次又一次地震撼每一个身临其境者的心灵。当你站在太和门后面，看见宽阔的太和殿广场的时候，看见高高地巍峨地矗立在太和殿广场最高处的太和殿的时候，你一定会深信不疑：在这样的建筑世界里，什么样的空间奇迹，什么样的令人惊异的感觉，都有可能产生。

最接近皇帝的广场最大。以每平方米站立四个人计，太和殿广场足可容纳十几万人。可是，在皇帝面前，在皇帝的宝座面前，再大的广场也得沉下去。太和殿广场四面的围房统统建在高台上，太和殿建在更高的三台上，皇帝站在最高处，刚好与他站立的台面齐平的四下的屋檐朝他匍匐而来。在皇帝的脚下，沉下去的空荡荡的广场即便站满了人，在他的眼里，也无非如空旷的广场的七层墁砖地面上又墁了一层砖而已。

皇帝的广场是没有也不需要生命的。广场上既不养草栽花，也不植树造林。没有花草树木更显空旷博大。从树丛中走过，从林荫下走过，与从空旷中走过，心理感受、精神状态绝对不一样。没有草木的气息，没有生命的气息，才算得上冷静冷漠，才够得上威慑严酷。皇帝登极、大婚、万寿的大典如果在树影婆娑中举行，皇帝出巡、回宫的壮观的队伍如果行走在林荫道上，皇帝的威仪就不能与日同辉了。大臣小民如果从树木中走过，就不觉得孤单渺小了。如果在午门前的树林中献俘，城楼上的皇帝将帅如何炫耀、彰显和体验胜利的荣光？如果在午门前的树林中杖击大臣的屁股，被惩治的臣子怎能被光天化日下的重创羞辱到极点？

皇帝的广场通常情况下是空无一物的，但它的形制绝对容得下万千世界。皇帝可以举行规格最高最盛大的仪式，站在最高处的皇帝的声音可以通达四面八方，而跪伏、站立在广场中的任何一个人，即使有十几万人，他们的存在与否，皆可忽略不计，就像无数的砖缝石隙间长出来的，但很快就被无遮无拦的酷热的太阳晒萎晒死的乱草那样。

皇帝的广场上只上演程式化的正剧、悲剧。这里的露天舞台上只允许有一位主角，发出一种声音，只允许一位天下最高音尽兴高歌，声震云天，其余所有的人和物都有规定好了的位置和职责。比如现在我们仍然可以清楚地看到的太和殿广场上的破碎的旧砖，磨光的有了裂缝的石头，特别如御道两侧早已苍老但仍很整齐的指示固定位置的叫作仪仗墩的坚硬石头，即便可以发出些声音，除了震天动地的"吾皇万岁万万岁"，至多也只能是些整齐协调的对于皇帝发出的声音的应声与和声。

一个接一个的皇帝的广场，皇帝们想让它们发挥的作用、发出的声音，就是凝天下之神、聚天下之气的天帝之音、天子之音、帝王之音。这就是皇帝的广场创造出来的音响效果，这就是独特的紫禁之声。紫禁之声的基调和主旋律，早已被天地对应、天人合一的中轴线规定好了。被中轴线串起来的一个个宽广的广场，是起伏的旋律中不断产生高潮的绝妙空间。中轴线两侧连续对称铺排的大大小小的院落里的各种和声，通过宽宽窄窄的通道，汇入一个又一个广场。紫禁城在建筑空间的调度上，以群落及单体建筑的大小、高低、宽窄、疏密的无穷变化、奇巧组合、精妙调配，创作出一部主旋律突出、多声部协调的恢宏的交响曲。

紫禁之声因此而主次分明，循序渐进。主调、和声……序曲、前奏、协奏、鸣奏、交响……由弱到强，由慢到快，由低到高，不断陈述着，一再强化着受命于天、唯我独尊的鲜明主题。

"天子的宫殿"

故宫总在给我一些奇异的感觉。比如,故宫往往让我忘记了它是建筑,或不让我注意到它的建筑性特征。

时间过了很久,记忆仍很清晰:2003年10月28日,一个深秋的傍晚,数万游人离开故宫后,为故宫博物院建院80年拍摄的大型纪录片《故宫》的开机仪式,在太和殿前的平台上举行。

仪式结束后,参加仪式的人们静静地伫立在宽敞的高台上久久不肯离开。居然没有一个人说话,人人凝视沉思。喧嚣的北京城中的故宫寂静得出奇,仿佛听得见夕阳西下的声音,听得见夕阳迷蒙的橘红色的余晖弥漫涂抹在黄色屋顶、红色墙面上的声音。

午门、端门、天安门、太庙的背影,越来越清晰。人民大会堂、国家博物馆的侧影越来越清晰。广袤的华北平原,泰山、黄河、长江、珠江、东海、南海、青藏高原——万里江山仿佛奔来眼底。着实奇妙得很,置身于重重叠叠、夕照灿灿的皇宫建筑群的核心位置,眼里、心里却什么也没有了,又什么都有了。

这个时候站立在这样的位置上,更真切地感到太和殿不只是一座建筑,更是一处"座"拥天下的位置。

这样的建筑，这样的位置感，当然是为皇帝创造的，是皇帝创造出来的。朱棣下决心把他经营多年的北京定为他的都城，但只有京城是不够的，不显其尊；他要有皇城，有了皇城也是不够的，不显其独；他要有宫城，皇帝独有独享的宫城。反过来说，作为皇帝，坐拥宫城是不够的，要有皇城；坐拥皇城也是不够的，要有京城；坐拥京城还是不够的，要有天下，要有上天之天下，天子之天下。他把他的这座宫殿命名为奉天殿。

中轴线是最重要的。最重要的建筑就在中轴线上。中轴线上最重要建筑的核心是太和殿。太和殿比中轴线更重要，像一个人的心脏一样，四面八方的建筑群落将太和殿团团围定。事实上，太和殿的位置，决定了它周围所有建筑的位置。是的，这座宫殿一定要端坐在中轴线的轴心处。它必须是中轴线上的元点。以太和殿为核心，以中轴线为基准线，整座紫禁城纵横线索网络清晰，大小群落铺排有序。

太和殿是清朝皇帝登极的大殿，只有在这个地方才能确认皇帝的身份和地位。皇帝是什么？皇帝就是太和殿。太和殿是什么？太和殿就是皇帝。太和殿是皇帝的宫殿。皇帝来了，眼前是他的宫殿，里面有他的位置。只有他可以轻松地走进去，不想走也可以不用走，别人用大轿子抬他上去，从云龙出没的三层大石雕阶石上凌空而上。如果那样的话，一定会有一种飘上去、飞上去的感觉。他进去了，刻意地站在中央，他必须坐在中央。高高在上，一切尽在指掌之间。我即天子，天子即我；我即天，天即我。我融入天际，天地之间唯我独尊。别人、臣民，只可望，绝对不可即。没有旨意,没有召唤,没有允许,不可上台,不可入内,进来亦不可昂首挺胸,必得低头、弯腰、下跪。

为此,必须把这座宫殿打造成天下的核心。这座宫殿的位置、基础、体量、外部内部空间、结构、材料、色彩等,都必须是"座"拥天下的。

北极星高悬在它的上方。它在地上的位置如同北极星在天上的位置。它指向所有,所有指归于它。

它的面前是宏大建筑群内最大的广场。任何建筑都不可挡住它通达万里的视线。台上台下5.6万平方米的空旷的广场足以把任何人的视野引向无限。

它的包裹、装饰是最鲜亮最壮丽的。环绕三台的一层层汉白玉须弥座,1453根雕龙雕凤的汉白玉望柱,1142个与云龙云凤浮雕望柱配套的汉白玉螭首,一块块汉白玉栏板护栏,一条条汉白玉台阶通道,曲折有序,逐层上升,环绕巨大的"土"字台基,铺排成浩浩荡荡的白色三台。重重叠叠的汉白玉三台,森林般的巨木,将深入大地的宫殿推向云天,将皇帝的宝座推向云天,将皇帝推向云天。

所有的都是独一无二的,甚至连色彩也唯我独有独尊。浩荡的汉白玉闪烁着的白,满目的墙、柱子、门窗闪烁着的红,无边的屋顶和千千万万条龙闪烁着的黄。大面积的、单纯强烈的白、红、黄,把本来很遥远的天空的蓝吸收过来、融合进来,浩瀚的天空成为天子的宫殿的重要组成部分,天上的色彩成为人间宫殿色彩的重要组成部分。白、红、黄、蓝,这些最基本也最亮丽的色彩,使得天子的宫殿无比地辉煌壮丽起来。

在汉白玉世界簇拥着的高台上,如从厚土中生长出来似的,72根数人合抱的大木柱、更多的数不清的木料撑起高达26.92米的殿宇,构成唯一的面阔11间、进深5间、面积2377平方米的最大木构单体建筑。

在如此高大空阔的殿宇中,只在正中设一高台,高台上只有一宝座,那就是凌驾于一切之上的孤零零的皇帝的宝座。最大的广场上只有一座最大的房子,最大的房子里只有一座最高的台子,最高的台子上只有一个最高的座位,最高的座位上只有一个人坐着。

无数的能工巧匠,无尽的劳役死伤,建造起来的皇帝的宫殿,实际使用率却很低很低。这么重要的太和殿,也就是皇帝即位、皇帝大婚、册立皇后、元旦、冬至、皇帝生日等庆典用用。而它真正的、最大的作用,在于它坐拥天下的地位、标识、符号、象征性意义,在于以程序和仪式,强化声势、强化威严、强化集权的意义。白手起家的汉朝皇帝刘邦是讲究实用的,不大满意萧何大兴土木建未央宫。萧何说:"天子以四海为家,非壮丽无以重威。"一说到树立和显示皇权之威,刘邦也就不说什么了。"壮丽"到底怎样"重威"?能起多大作用?好像用处真的不小,从苏辙求见一位大官的信中(《上枢密韩太尉书》)就可得到侧证:"至京师,仰观天子宫阙之壮,与仓廪、府库、城池、苑囿之富且大也,而后知天下之巨丽。"

由于是一处坐拥天下的位子,争天下、抢天下就是争抢这个位子。争到这个位子,就是争到了天下,任何一个人只要能坐到这个位子上就可以坐拥天下。如此演化的结果是,坐并不重要，谁坐也不重要，谁坐在那里都可以坐拥天下、坐享天下。清朝主宰紫禁城的10个皇帝中，不就有5个不足10岁的坐在那里了吗？不到10岁的皇帝能做什么？皇帝不也成了符号与象征，成了程序与仪式？

说到底，紫禁城不是为皇帝建造的，太和殿也不是为皇帝建造的，是为了可以"坐"拥天下的那个位子建造的。所有的建筑都是为了突显那个位子。只有这个位子定了，其余才好安排、好布局、好落实。

以太和殿为核心，前面的太和殿广场、太和门广场，是太和殿宽阔的胸怀；左前方有体仁阁、文华殿建筑群，右前方有弘义阁、武英殿建筑群，左文右武，是太和殿伸出的怀抱天下的手臂；左顾是太和殿的主人们颐养天年的地方，如皇极殿、宁寿宫、养性殿、乐寿堂、颐和轩等，右盼是皇太后、太妃嫔们休憩礼佛诵经的地方，如慈宁宫、慈宁宫花园、寿安宫、英华殿等；正后方是帝后的寝宫，左右各有六宫的粉黛，再后面有他们专享的花园，有太和殿的子孙们读书的地方。太和殿需要时时左顾右盼，并时时回首眷念。眷恋着它的祖宗和子孙，顾念着它的过去和未来。这样，以太和殿为核心的整座紫禁城就既直上云霄，又四面铺排了；既家国，又天下了。

顺着太和殿的方向，延伸到紫禁城南，左有祭祖的太庙殿，右有祭天下的社稷坛；再往前，左有祈祷风雨的天坛，右有扶犁耕种的先农坛……紫禁城北呢，则是可以将紫禁城尽收眼底的万岁山；再往北，还有晨钟暮鼓、声闻四达的钟鼓楼高高耸立。前后呼应，左右对称；远近，大小，高矮，轻重，缓急……统统在太和殿的统领下，一一排定了。

没有从紫禁城里生长出来的中轴线，这座城市就失去了纲领，所有的建筑都会变得散漫无当；没有中轴线上的紫禁城，尤其是太和殿，中轴线就失去了灵魂，所有的建筑不管铺排得多么有序，多么流畅，都不会出现震撼人心的高潮。以皇权帝制为核心、为主题造就的"天子的宫殿"，真可谓"天衣无缝、完美无缺"了。

太和殿的设计、建造、基础、结构、造型、装饰、空间、角度、色彩……无论从哪方面看，尤其是与天地的关系，与蓝天白云的关系，其视觉感觉效果，确实完美地实现了造一座人间天上的"天子的宫殿"的目标。

太和殿：龙世界里的三跪九叩

龙的形象因为和君命天授捆绑在一起，只一句"真龙天子"，龙就一度成了皇帝们的专有专用。到帝制后期的明清时期，龙的形象越夸张，皇帝们越受用。

紫禁城是龙的天地，太和殿是龙的世界。太和殿既是中国古建筑中级别最高的殿宇，也是聚集了最多的龙的地方。从下到上，从外到里，铺天盖地，专家统计过，总计13433条。

在巨石铺排的御道与宫殿须弥基座的起降承接之处，在两边台阶的中间，一律斜铺高浮雕龙纹巨石，其中太和殿的最宽、最长。当从太和门后边伸出来的御道穿过宽广开阔的太和殿广场，伸到太和殿台基前时，迎面而来的是向前向上伸展的大石雕——江涯海水、流云腾龙，直上太和殿，直冲云霄。

太和殿、中和殿、保和殿在高高的台基上依次排列，宽广的"土"字形台基上下三层，俗称三台。拾级而上，千余云龙云凤汉白玉石雕栏杆望柱，千余汉白玉石雕螭首，层层环绕。龙凤望柱向天林立，螭首龙头凌空横出。螭首又是龙头形排水口，口内凿有圆孔，若遇暴雨骤降，刹那间千龙吐水。

太和殿顶正脊两端位置最高的两个大吻，表面饰以龙纹，又称龙吻。殿顶四角的走兽，领头的是龙。黄琉璃瓦顶重檐数不清的瓦当滴水，每一块浮饰一条龙。檐下大面积彩绘，通体和玺金龙。门窗上下，浮雕金龙。

太和殿内，龙井天花板，每一方框内一条金龙。正中如伞如盖的蟠龙藻井，向上隆起，上圆下方，深1.8米，口径6米，金色巨龙盘卧，口衔宝珠，龙首下探。地面正中偏后，设置须弥座木质高台，高台上设置镂空金漆龙椅，即皇帝的"宝座"。宝座后为雕龙金漆屏风。宝座前设宝象、甪端、仙鹤、香筒，高台到地面的台阶间设香炉。1915年袁世凯称帝，把"宝座"换为高背靠椅，原座不知去向。1959年，故宫博物院专家朱家溍考证寻查，在一处库房中找到已残损的原物，修复后复归原位。须弥座宝座两侧矗立6根粗壮金柱，遍体贴金，再用沥粉贴金工艺在每根金柱上各绘一条巨龙盘旋，在海水江涯云纹的烘托下，气势磅礴，岂止气吞江山！殿内两侧，各陈设一对高大龙柜，上下组合，柜门对开，浮雕云龙。据记载，明朝时为4对8组，由于屡遭火灾，不复存在，现在看到的是乾隆时遗物。

太和殿前，开阔的平台上，陈设日晷、嘉量，意在天地一统；陈设铜龟、铜鹤，意在永固江山。平台与下沉式广场之间的三台云龙云凤石雕望柱栏板间，分层陈设18个铜鼎。每当皇帝驾临太和殿，大殿内的宝象、甪端、仙鹤以及其他造型的香筒、香炉内，一起点燃檀香；大殿外的铜鹤、铜龟、铜鼎内一起点燃檀香与松柏枝。里里外外，上上下下，香雾飘忽缭绕；石雕木雕，彩绘贴金，上万条各式各样的龙时隐时现。集中各种力量，用尽各样手段，制造神秘，制造威严，为的是烘托出一个活生生的、穿着龙袍的"真龙天子"

的神秘威严，为的是让天下臣民真以为这就是凌驾一切之上的唯一的"真龙天子"。

从某种程度上说，太和殿是仪式之殿，是皇帝为举行皇帝的仪式建造的，而皇帝仪式的核心是让所有人向皇帝跪拜，因此太和殿是跪拜之地。

在太和殿举行的最隆重的仪式，是清朝皇帝的登基仪式。大多数情况下，新的皇帝是在办完前一位皇帝的丧礼之后，举行正式的登基仪式。清朝每个皇帝的登基仪式基本上是统一规范的。天亮之前，负责仪式的官员已经在殿内殿外，备置好所有器具，如安放皇帝御玺的宝案，发布诏书的诏案，样式繁多的卤簿仪仗，等等。时辰一到，皇室王公、文武百官、外来使臣，在礼部官员引导下各就各位，等待皇帝即位。首先礼部主管官员到乾清门报告大典时辰到，奏请皇帝出内朝，往外朝。这时午门钟鼓齐鸣。皇帝先到太和殿后边的中和殿坐定，掌管仪式的主要官员和侍卫跪拜后，分头到各自岗位执事。接着，礼部尚书跪拜，奏请新皇帝驾临太和殿。

王公百官，殿内殿外，台上台下，跪拜者众，排列路线长，那时又没有现在的扩音器，如何使这么多人三跪九叩、整齐划一？司仪再声嘶力竭，远处的也听不清楚，况且也不好听。于是，有了专司鸣鞭的鸣鞭官。长长的鞭子用黄丝编织，鞭梢涂蜡，甩在石地或砖地上格外响亮。仪式即将开始，鸣鞭官挥甩长鞭，三声响亮清脆的鞭声在太阳刚刚照亮的太和殿广场上回荡。第一次鸣鞭是警告臣下，皇帝要出场了，皇帝正在走向宝座。鞭声响起，所有人立刻屏息静气，太和殿广场寂静无比，所以也叫净鞭、静鞭。皇帝登上高台，在宝座上坐定，鸣鞭官再挥长鞭，鞭声再次响彻广场，所有人在鞭声的指挥下，静悄悄齐刷刷地三跪九叩，想来这场面奇特而壮观。三跪九叩结束，太和殿内，在皇帝的注视下，专职大臣捧起皇帝的御玺，饱蘸红色印泥，极其庄重地盖印于即位诏书上。礼仪官将盖好大印的即位诏书呈放在龙亭里，护送到天安门，金凤衔诏，颁布全国。仪式结束，鞭声第三次响起，皇帝起驾还宫，众臣退场。

其他如元旦、冬至、皇帝生日等盛大庆典，凡皇帝驾临太和殿，仪式程序大体如此。一样的鸣鞭，一样的三跪九叩。比起这些仅仅是仪式性的大典，殿试后由皇帝亲自主持、在太和殿宣布殿试结果，被称作"传胪"的仪式，倒是多了些实在的内容。所谓金榜题名，对天下学子确有极大的激励作用，不过，跪拜的次数也更多了。传胪仪式在殿试后第三天隆重举行。卤簿仪仗一应俱全，王公百官全部参加。早早恭候在午门外的殿试后的进士们，由礼仪官引入，列队于太和殿广场。待皇帝就位太和殿，鸣鞭三响，乐声大作。先是阅卷官向皇帝行三跪九叩礼，接着进士们向皇帝跪拜；接着唱读新科状元的名字，状元跪拜；唱读榜眼的名字，榜眼跪拜；唱读探花的名字，探花跪拜；接着唱读其余进士们的名字，唱读毕，所有新科进士向皇帝三跪九叩。接着，鸣鞭三响，皇帝回宫，进士们出宫，仪式结束。对于这些经过层层考试选拔出来的天下学子中的"精英"，四书五经的内容规范，起承转合的方法束缚，一而再、再而三的应试训练，早将他们导入毫无生气更无任何创造性的僵死模式中。

走进皇宫参加殿试的荣耀，皇帝主持太和殿传胪的功名诱导，加上一次次三跪九叩的形体调教，估计终其一生，都会清楚地记得自己的名字怎样被皇帝的传胪官唱读着飘荡在太和殿的上空。

太和殿的仪式，给人印象最深的是鸣鞭，是三跪九叩。太和殿前的鸣鞭，让我想到自小的见识。小时候极羡慕牧民手中的鞭子，那长长的鞭子，居然对羊群、牛马有着神奇的管束力。牧民用鞭子牧的是羊，是牛，是马；皇帝的鸣鞭牧的是官，是民，是天下学子，是所有的人。几千年来这种很有效的牧术、治术，源头就在"太和殿"。

中和殿：亭亭如华盖

矗立在汉白玉簇拥的三台上的三座雄伟华丽的宫殿，最前面的是主殿太和殿，太和殿后面是中和殿，中和殿后面是保和殿。三大殿三位一体，共同构成一座高台上的一个整体——紫禁城的主体，皇帝的"金銮宝殿"。

比较起来，夹在太和殿与保和殿之间的中和殿体量最小。太和殿建筑面积2377平方米，保和殿1240平方米，中和殿只有580平方米。但由于处于居中的位置，更由于形状的特殊，从稍远点儿的地方看过去，反倒是中和殿更加引人注目。

太和殿面阔11间、进深5间，保和殿面阔9间、进深5间，都是长方形的，而中和殿却是正方形的，面阔、进深各3间，四面围廊。长方形的房子常见，正方形的房子少见。

太和殿、保和殿的黄琉璃瓦大屋顶，是从最高处的正脊向前后两面舒展下来，而中和殿却是黄琉璃瓦四角攒尖式屋顶。四道脊，四面扇形屋顶，四面八方一起向上，一起集聚，汇拢到最中心最高的宝顶处。浑圆的铜鎏金宝顶，在阳光下熠熠放光。

与常见房子的三面封闭不一样，中和殿的四个相等的立面，一律安装通透的隔扇，一样的廊柱环列，远远望去，像一座华美的亭子，一辆帝王车驾的伞形华盖，中和殿最初的名称，就叫华盖殿。

太和殿内皇帝的"宝座"上方，有一个很大很大的布满龙形龙图的藻井，正中间巨龙盘旋，龙首下探，龙口里衔一颗硕大浑圆的叫作"轩辕镜"的"宝珠"，宝珠金光闪烁，正对"宝座"。这样一种特殊的"装置艺术"，除了寄托防火和护佑"龙位"的愿望，还有一层通天的寓意。藻井位于殿顶正中，抬头向上望，至大至深的"龙藻井"，便是"天子的宫殿"和"天子"通达上天的通道了。太和殿里皇帝头顶上方的"宝珠"，到了中和殿，便穿过殿顶，来到外面的殿顶之上，直上穿苍，直接与上天衔接了。位居中间的中和殿，由此在建筑空间的组合上，成为三大殿的中心。

每当举行朝贺庆典，皇帝先在中和殿接受执事官员的行礼，然后去太和殿升座受群臣磕头拜贺。每年春季皇帝祭先农坛，行亲耕礼，先要在中和殿阅视祭文，检点亲耕时用的农具。皇帝亲祭太庙、社稷坛、地坛、日坛、月坛、历代帝王庙、至圣先师庙，也要提前在中和殿阅视祭文。清朝每十年一次修纂皇室谱系，都要在中和殿举行仪式，呈皇帝审阅。中和殿既是皇帝出场登台亮相前的休整、过渡、预备空间，也是皇帝在紫禁城里集中显示自己如何连通天上人间、领受上天恩泽、与各路神灵对话、承续皇家香火的中心所在。

每每站在三大殿的东面或者西面，打量三殿之间的关系时，我往往会生出一些奇怪的联想。比如，盯着夹在两座巨量宫殿之间显得低矮但却有直上云霄之势的中和殿，会突然想到康熙、雍正、乾隆三位皇帝的关系——中间的一个挑着两头沉重的担子。夹在两个在位60年或更长又自命不凡的皇帝中间,雍正皇帝在位虽短,执政时却如他刻下的印章"为君难":一头要勉力收拾康熙皇帝晚年留下的"烂摊子",一头要辛苦积攒供好大喜功的乾隆皇帝挥霍的大本钱。

保和殿：宴请与考核官员

太和殿初名奉天殿，保和殿初名谨身殿，把这两个殿名连接起来，殿主人的心思表达得倒也得体：虽然主要的意思是说皇帝的位子是上天赐予的，但要保住这个位子，皇帝还得要整饬自身、严格要求自己才是。谨身殿在明嘉靖时更名为建极殿，清朝改名为保和殿。如乾隆皇帝题写的对联所示，"保和"的意思是：皇帝的子孙恭敬用心地承继家业，领导调理天下的臣民百姓，永保自家的帝业无穷无尽。这些心思落实到保和殿的责任、功能上，主要有两条：一是皇帝宴请，二是皇帝考核官员。考试有定例，次数少；吃饭比较随意，看皇帝的兴致。比起太和殿、中和殿来，凭这两条，保和殿的使用率就高一些。

皇帝请吃饭很重要。保和殿在建筑结构上采用了很有创意的减柱法，殿内中间靠前面的部分减少了6根金柱，殿内的空间因此而分外宽敞，很适合做皇帝专用的宴会厅。

比较常规的宴会是公主下嫁宴。清朝皇帝的做法，先是纳彩礼。男方将彩礼抬来，额驸（满语，即驸马）分别到太后、皇帝、皇后处行礼。皇帝在保和殿设宴，请额驸及其父亲、族中在朝官员以及三品以上的文武大臣。虽说举办的是公主下嫁宴，主角公主并不在保和殿的宴会上露面。公主、皇室与额驸家中的女性成员，参加另在后宫内廷举办的宴会。

例行的宴会是除夕宴和元宵节宴。每年除夕，正月十四、十五，清朝的皇帝们都要在保和殿设宴，招待外藩蒙古王公及文武大臣。殿前设中和韶乐、丹陛大乐，歌舞大作，宴会气氛隆重热烈。嘉庆二年（1797）除夕宴，这时候的乾隆皇帝，虽然已经禅位退休，但退而不休，亲自主持了每两人一桌的盛大宴会。宫廷大乐响起，嘉庆皇帝陪侍着太上皇来到保和殿，待太上皇安坐在正中的御座上，自己才坐在御座东侧另设的小座位上，面西陪侍。文武官员列坐陪食。嘉庆皇帝向父皇敬酒。太上皇举杯祝酒。文武官员各得赏赐。

宫中的大小宴会不止在保和殿一处举办。中和殿方正通透，不大不小，有些像如今既豪华又典雅的超级包间，更适合皇帝经常举办小范围的近臣、重臣宴会。作为后宫的乾清宫，多次举办皇家宗室宴会，也举办赐宴群臣的廷臣宴。康熙、乾隆皇帝，在乾清宫、皇极殿举办过上千至数千人的千叟宴。乾隆75岁在位时和85岁退位后举办的两次千叟宴，赴宴老者均超过3000人，规模之大，实难想象。宴会上，乾隆皇帝特别把90岁以上的老人召请到自己的御座前，亲自赐酒。又命皇子、皇孙、皇曾孙们向老人们行酒。赴宴老者年龄最高的达106岁。曾有105岁的老者来自福建，在子孙们的搀扶下千里迢迢进紫禁城赴皇帝宴。几乎所有人都会把受邀赴宴当作一生中最大的荣幸，哪怕为此丢掉性命也觉不虚此生，死了也要"谢主隆恩"。举办者与参加者都明白，吃饭不重要，吃什么不重要，但在什么地方吃很重要，谁请你吃、和谁一起吃更重要。这正是在专为"仪式"而存在的地方不断制造"仪式"的"重大"意义。

再看保和殿的考试。清朝顺治以来，保和殿就是御试翰林院、博学宏词科等官员的地方。自乾隆五十四年（1789）开始，国家的最高考试殿试，在保和殿举行，此后成为定例。殿试的仪式感更强。殿试前一天，布置考场，保和殿内外设黄案各一，殿内摆放试桌，试桌上贴参试贡士姓名。殿试日，内阁官双手捧试卷置于殿内黄案上，礼部官员引贡士由午门两侧旁门入宫。所有执事官员和贡士依次向放置试卷的黄案三跪九叩。礼部官员发试题，贡士们再下跪，接题，三叩头，入座应试答题，太阳落山前交卷。阅卷大臣昼夜阅卷，第三天黎明将选出的前十名答卷呈皇帝亲阅，由皇帝确定名次。皇帝确定的前三名，就是状元、榜眼、探花。在太和殿传胪之前，即正式公布之前，前十名还得接受皇帝的一次面试：下跪，磕头，简单问答。仪式虽简，却很重要，也很必要，至少可以确保皇帝亲自阅定的佼佼者，不因智商、情商、形象缺陷而有失体统。殿试之后，还须参加仍是在保和殿举行的一系列朝考，如参加翰林院官员的选拔。

召入皇宫殿试，由皇帝亲自定夺名次，真正的意义在于使这些层层考出来的精英，进一步意识到自己确实是天子的门生，进一步强化一定要效力皇帝的忠诚度。

一宴会，一考试，齐了。保和殿的职能既简单又全面——通过宴会凝聚皇家宗室，凝聚群臣天下；通过考试将天下学子纳入彀中。保和殿诚如乾隆皇帝之意，真的是在尽力"保和"啊。

三台之上

太和殿广场上承载三大殿的三台,无论如何堪称天才的设计,即使算不上原创,也属天才般的创新性继承发展。

三台之下是大地;三台之上是三殿;三殿之上是苍天:天、地、人都有了。当然,这人可不是一般的人。

高筑台是中国建筑文化里的一个重要传统,意在抬高、提升地位,提升建筑的地位,提升建筑拥有者和使用者的地位。历来的威权者,历来的帝王,总要千方百计地以自我的权威之力,驱使群体之力,抬高自我地位,到达超越普通人世的境界,并以此反证自己的权威和力量。

但弄不好就是"危楼高百尺""高处不胜寒",高而危,高而寒。而紫禁城中的三台三殿不会是这样。虽高已超百尺,但显示出的不是危楼,而是高台伟楼,是稳固、雄伟、宏大的建筑建构、政治建构和文化建构。

在超越性的巨大高台上,构成超越性的宫殿空间——紫禁城的三台三殿做到了极致。三台三殿的建构空间,由向下、向上、向前、向后四个纬度的超越性,构成整体的超越性。

向下。三台之下深入地下8米多的打桩填石、纵横加筏的地基尽管不在视线之中,但地面之上同样超过8米的三台,同样的打桩、垒石、填砖、加筏,加以逐层向上收缩,加以汉白玉巨石的包裹，汉白玉栏杆、栏板的装饰，不仅彰显着坚如磐石的超稳定感觉，还营造出无处不在的亮丽、温馨、和谐、安然的氛围。

向上。三台三殿共同的视觉指向——直上云霄。层层向上的栏杆，根根向上的望柱，密集而整齐地簇拥和托举着三台向天伸展。三大殿让檐角灵动的角兽与苍天对话，太和殿、保和殿让笔直的正脊、昂首的大吻触摸蓝天白云。居中的中和殿表现更出彩，它以小了许多的精致造型，以四角攒尖向上托举起的金光闪烁的宝顶，向前向后向上，越过太和殿、保和殿的檐口屋脊，于无形的虚空中画出优雅的弧线，延伸、融入无垠的天空，或将无垠的天空导入三大殿的建筑空间，使碧云天成为天子的宫殿的组成部分。

向前。近处是宽阔的广场，远处是无限辽阔的远方。既是满眼皆空，一无所有，又是满眼繁茂，包揽所有。四周围房，四角崇楼，看起来完整无缺，实则九门环列，门道通畅。要满要有，招之即来；要空要无，挥之即去。

向后。三台的后边，即保和殿的后面或保和殿两侧的平台向北。如一首乐曲高潮后的舒缓，三台三大殿与远处的景山（万岁山）之间，是皇帝的充实、充满、丰饶的天下之家，家之天下。脱离了三台三殿，完完全全落到平地上的三宫六院，平铺直叙，尽收眼底。任何一位外来者，面对此景此情，一定担心自己会迷失在大同小异的门道的辨认与寻找中。就是皇帝本人，若不由太监引导，也照样会迷失在自我营造的"迷宫"深处。

从建筑审美角度欣赏，三台三殿在造型艺术、环境艺术方面发挥得淋漓尽致、无与伦比。但审美功能与使用功能的关系比较复杂。比如,我们可以从建筑审美出发,高度赞美三台三大殿如何天才般将中国古典文化、中国哲学、诗情画意,将天地、天人、高下、虚实、有无、盈亏、疏密、缓急等大智慧的文化要素,作为宫殿建筑形态、建筑空间、建筑环境的灵魂,从而创造出三台三大殿,创造出紫禁城这样的中国建筑文化、建筑艺术经典。甚至可以断言,今天和未来的人们,特别是今天和未来的建筑设计师、环境设计师,都能够从中获得无尽的启迪和创新的灵感。

然而,当我们从使用功能、使用效果来看,又会生出许多别样的感慨。比如太和殿,最大的广场上只突现一座最大的房子,最大的房子里唯一的高台上只有一个位子,在这最高的位子上只有一个人坐着,使用者的自我拔高与追随者的集体哄抬,使本来很宏伟的建筑,被使用成空空荡荡、大而无当、不接地气、不干实事的造神空间。

从前朝到后宫

也许由于三大殿所在的高台足够开阔,在开阔的平台上围绕着太和殿、中和殿、保和殿转来转去,并不觉得行走在高高的台地上,只把高台当平地。但当你看够了三大殿,决定去看三大殿后面皇帝的后宫的时候,走到保和殿后面,你会惊讶地发现,一大片黄色的殿宇井然有序连绵不绝地在你的眼底下铺排开来。当你要走下高台、走向那片殿宇的迷宫的时候,你会强烈地感受到,在皇帝的紫禁城里,前朝和后宫的高度及其空间布局的区别,竟是如此之大。

反差虽大,却并不突兀。三台之下、之后的第一个空间,是一块东西长、南北窄的狭长广场。控制这一空间的,无疑是面向广场的后宫正门乾清门。这广场,便叫作乾清门广场。

乾清门广场东西200米,南北50米,面积1万平方米。这是紫禁城内的第三个广场,也是最后一个,最小的一个。虽然东西距离与太和殿广场保持一致,南北距离却很短,总面积比太和殿广场小得多。最大的广场是掀起高潮的空间,最小的广场则是趋于平缓的空间。从需要特别张扬的仪式空间,到需要平静舒适的做事生活的空间,要有一个自然的过渡。所以,狭长的乾清门广场小得恰到好处。

广场虽小，位置却很重要。乾清门广场是把紫禁城分割成前后两大板块，即前朝与后宫鲜明而严格的分界，同时也是贯通紫禁城前朝与后宫、东区与西区的主要通道。与前朝相通的除保和殿后大石雕两侧的三台台阶外，东有后左门、西有后右门通往太和殿广场。进入后宫的除乾清门外，东有内左门、西有内右门。通往东区的是东门景运门，通往西区的是西门隆宗门。特别由于后廷后宫是皇帝和他的大家庭日常工作、生活、学习、吃饭、睡觉的地方，所以护卫看管得格外严密。每当日落月出、满天星斗之时，所有的大门紧闭之后，乾清门广场立刻变得死一般空寂。

明朝是在三大殿前的太和门御门听政，清朝后退到三大殿后的乾清门御门听政。明朝的皇帝在前朝的太和门御门听政，背靠最大的太和殿广场，面朝第二大的太和门广场、弯曲典雅的金水河金水桥、雄关式的午门，虽说是家国一体，还是很有些指点江山、治理天下的格局。清朝的皇帝退到后廷后宫的乾清门御门听政，背靠的是后宫的粉黛，面对的是狭窄的乾清门广场，保和殿高耸的后背挡住了远望的视线，同样是家国一体，却越来越落入家国不分的陷阱里。到后来干脆钻进红墙深处的养心殿，既办公，又起居，兼休闲，家就是国，国就是家，办事的效率确实提高了，可眼见得格局却越来越小了。

太和门是前朝三大殿的正门，乾清门是后廷后三宫的正门。三大殿举行重大典礼、隆重仪式，太和门前后通透，内外开放；后三宫既是皇帝日常起居之处，也是处理要务之地，是宫中最为隐秘之地，乾清门虽然像太和门一样，也曾御门听政，但绝不会门户洞开，最多是对外有限开放，向内严密封闭。

整体的形象也各有特征。太和门前后空间开阔，殿宇式大门高大宏伟。同样是殿宇式大门，乾清门的前后空间及体量小了许多，典雅而安稳。太和门前一左一右两个青铜狮子是紫禁城中最大的，昂首云天，气度非凡；乾清门前的两个狮子小了许多，但通体鎏金，金光闪闪。太和门的须弥座台基高3.44米，乾清门的须弥座高1.5米。太和门面阔9间、进深4间，乾清门面阔5间、进深3间。

差异最大的是大门后面的景象。太和门后是宽广的下沉式广场，落差与须弥座高度相当；乾清门后则是平铺的通道，在汉白玉栏杆的护卫下直通乾清宫。乾清门与乾清宫之间虽然也是下沉式广场，但下沉的深度与广场的面积均比太和殿广场差了太多，又被中间的通道分割为左右两部分，基本上消解了空旷的广场的感觉。

从太和门到太和殿，重大的典礼需要创造出隆重的仪式感，需要抑扬顿挫的节奏，走上去，走下来，再走上去，走向最高处，掀起最大的、最后的高潮；从乾清门到乾清宫，主要是皇帝自己的移动，是皇帝御门听政、处理政务、餐饮、就寝、日常活动的转接，需要平静平稳，不急不缓，神宁气定，平铺直叙。

乾清门与太和门虽然都是殿宇式大门，观望进出，都觉得是登堂入室，而不是进门出门，但形态上有一个最明显的区别，就是乾清门的两侧，伸出两座醒目的"八"字形琉璃大影壁。影壁高8米，长9.7米，厚1.5米，两端与红色宫

二　中轴线上　87

墙连接，影壁上下装饰以琉璃顶、琉璃须弥座，四角饰以琉璃菊花、琉璃牡丹花，一起烘托出影壁中心盛开的琉璃缠枝宝相花，就好像现在盛大庆典装饰摆放的豪华花篮。

康熙皇帝坚持在乾清门御门听政，是其长期执政的常态。雍正皇帝及其后的皇帝们执政处以养心殿为主，军政要事直接交办一墙之隔的军机处大臣，但康熙皇帝开创的乾清门听政还得持续，于是便改为数日或一月一次了。不管是上乾清门，还是进养心殿，乾清门东侧与军机处对应的12间小平房，一直是文武大臣等待皇帝召唤的地方，所以也叫作九卿房。

雍正皇帝时期还有一个改变，就是把皇子、皇孙们读书的地方，从康熙时的紫禁城西南角，转移到乾清门内东侧的南庑。这样，读书的皇子、皇孙们，与听政的皇帝们，就近在咫尺了。皇帝们听政的时候，间或听到皇子、皇孙们的琅琅读书声，大概会格外踏实又干劲倍增吧。

皇子、皇孙们读书的5间房子叫上书房。后来的乾隆皇帝成为首批乾清门内上书房学生。雍正皇帝时常到上书房转转，特意写了"立身以至诚为本，读书以明理为先"挂在墙上。正在读书的少年弘历（乾隆皇帝）写诗赞颂父皇的题联，诗中写道："妙义直须十四字，至言已胜千万书。"雍正看后，想来极为满意，甚是欣慰。雍正皇帝指定的乾隆皇帝即位后，御门听政，忽然听到上书房传来皇子、皇孙们的琅琅读书声，当年情景悠然而现，乾隆皇帝提笔赋诗："明窗晴旭暖，忽忆十年初。"

乾清宫大院

乾清门后门，直对乾清宫。乾清宫后为交泰殿、坤宁宫，合称内廷后三宫。乾清宫是后廷后宫的中心。后三宫的布局、排列、空间、结构类似前三殿，高低、大小、宽窄等，似乎一律按比例缩减，可谓前三殿的缩小版。如太和殿建筑面积2377平方米，而乾清宫1400平方米，少了近1000平方米。比较前三殿及周围建筑、环境的开阔空旷，后三宫区域紧凑精致，确实更适合居住生活。

明朝一代，自永乐到崇祯，共14位皇帝居住在乾清宫。清朝的顺治帝、康熙皇帝也住在乾清宫。乾清宫作为皇帝的寝宫与处理常规政务的宫殿，长达300多年。

与三大殿的命运一样，就其建筑本体，火灾是它们共同的克星。有史料记载，乾清宫四次毁于火灾，五次重建。最后一次毁灭性火灾发生在嘉庆二年（1797），连同东西两侧的昭仁殿、弘德殿，后边的交泰殿一起烧毁。一年后重建，比康熙时太和殿火灾后的重建晚约100年。

乾清宫前宽敞的平台上，陈列着太和殿前那样的铜龟、铜鹤、日晷、嘉量，以及鎏金香炉，体量自然小一些。比较特殊的是，平台前的丹陛下面，有高1.8米、宽1.1米、长10米的东西通道，石砌，拱形，两头设门，俗称"老虎洞"，可能是为着太监、宫女、其他侍从往来服务走动方便，若非有意寻找，现在的人们一般不会注意到。明朝以嬉戏误国的天启皇帝，和太监们捉迷藏，最喜欢在有月亮的晚上，藏在"老虎洞"里。平台东西台阶北边，各有一座雕镂精致的汉白玉三层台座，也是太和殿前没有的。台座四周刻十二生肖，上置仿木构建筑的铜镀金微型宫殿，一个叫社稷金殿，一个叫江山金殿，两座金殿形制相同，重檐两层、下方上圆、攒尖顶，金光闪闪，分外醒目。

乾清宫内，正中设宝座，宝座后五扇屏风，宝座上方高悬清顺治皇帝题写的"正大光明"匾。康熙皇帝颂扬父皇"正大光明"四字"结构苍秀，超越古今"，"挥毫之间，光昭日月"。现存"正大光明"匾额为康熙皇帝摹写。

乾清宫内东西两侧设东西暖阁。西暖阁存放一方康熙皇帝的玺印，印文为"敬天勤民"，是雍正皇帝从父皇的印章里选出来的。乾隆皇帝清点父皇的玺印时，特地把这方印挑出来放在乾清宫西暖阁。乾隆皇帝在位50年后，为自己制了一方"古稀天子"印，放在乾清宫东暖阁，并做出指示，子孙里有谁能做到像他这样，就可以用这方印了。这做法、这说法，一是自我得意，自我陶醉；一是发动子孙们参加皇帝在位长短大竞赛：看谁当皇帝时间长！从"敬天勤民"，到"古稀天子"，从皇帝爷爷到皇帝孙子，执政的理念是越来越退步了。

乾清宫大院四围房屋，一部分为皇帝日常生活所必需的服务设施，如敬事房为总管太监之所，专管宫内一切服务事务；御茶房专供皇帝茶饮，四时节令果品，所用之水专取自西郊玉泉山；端凝殿存放皇帝的冠袍带履；御药房常贮药400余种，御医负责皇帝及后宫保健，常在太监带领下，去各宫把脉、煎药。除此之外，大部分房屋是皇帝及皇子皇孙们读书、研修及存放珍稀图书、文房用品的场所。不管爱不爱学习，是真爱还是假爱，皇帝们总愿意把后廷后宫的中心地带，装点成非常文雅、非常有文气的地方。

乾隆九年（1744），乾隆皇帝下诏从宫中各处藏书中挑选善本，列架陈设在乾清宫东侧的昭仁殿里，并亲笔题写"天禄琳琅"匾额，悬挂殿内。31年后，乾隆皇帝命大臣重新整理、鉴别、研究，编成《天禄琳琅书目》前编10卷，详记每一部书的刊印年代、流传、收藏、鉴赏等情况。当时昭仁殿共藏宋、金、元、明本书429部。乾隆四十八年（1783），乾隆皇帝在昭仁殿后室特辟一室，存放宋本《易》《书》《诗》《礼记》《春秋》五经，命名"五经萃室"，亲题匾额，悬于室内。可惜嘉庆二年（1797）全部毁于火灾。嘉庆皇帝旋即重新收贮、编辑《天禄琳琅书目后编》659部，恢复"五经萃室"。昭仁殿藏书存放很有特色，宋金本用锦函，元本用青绢函，明本用褐色绢函，分架排列，十分方便随时抽览。

位于乾清门内西南侧的南书房是一个有特殊故事的地方。那里初为康熙小皇帝读书处。康熙8岁即位，权臣鳌拜把持朝政，根本不把小皇帝放在眼里。康熙14岁亲政后，在继续读书学习的同时，挑选了十几名与他年龄差不多的八旗少年，组成"宫廷卫队"，天天练习"布库（摔跤）"。鳌拜看见小皇帝与一群小儿摔跤打闹，并没有当回事。忽一日，康熙皇帝召鳌拜到南书房议事，并观看"布库"表演。康熙皇帝沉稳冷静，命令众"布库"少年一拥而上，将桀骜不驯的鳌拜伏地擒拿，随即公布鳌拜30条大罪，不仅一举清除了鳌拜及其同党，更使满朝文武见识了少年皇帝的非凡禀赋。

康熙皇帝或许因此对南书房情有独钟。此后，他经常挑选翰林等官员中才品兼优者入值南书房，如侍讲学士张英、内阁学士高士奇等，与他们一起讨论学问，赋诗撰文，写字作画，甚或咨询政事，代拟谕旨。因接近皇帝，南书房被视为要地，获选入值者亦以为荣。

与皇帝们研修的南书房对应的，是乾清门内东侧的上书房——皇子皇孙们读书的"教室"。老师是翰林院推选出来的翰林，称为上书房师傅。皇子皇孙6岁入上书房读书。开学日，第一次上学的，先到上书房东边房子里供奉孔子牌位处行礼，再向师傅行拜师礼。课程内容分三部分：一是四书五经等汉文儒学经典，二是满文蒙文，三是弓箭骑射。乾清门通往乾清宫甬道东面的下沉式广场，是年幼的皇子皇孙们练习射箭的地方。而西面的下沉式广场，正是康熙小皇帝和他的"宫廷卫队"练习摔跤的地方。皇室注重教育，文治武功，不允偏废。

上书房读书没有"毕业"的概念。父皇身体好，寿命长，当皇帝的时间就长，太子等着当皇帝的时间也长，读书的时间就长。嘉庆皇帝36岁登基，道光皇帝39岁登基，这两位在上书房的时间都在30年左右，都是上书房的"老学生"。

"正大光明"的背后

在诸多皇帝中,就算康熙皇帝是一个在多方面被认为比较好一点儿的皇帝,也难以逃脱家国一体的体制性弊端的困扰。比如在选择接班人问题上。

康熙8岁当皇帝,12岁结婚,实足年龄11岁零6个月,新娘比他大3个月。不到14岁,第一个儿子出生。最后一个儿子出生时,他已经65岁。结婚早,在位时间长,在清朝皇帝中,康熙皇帝子女最多。档案计,康熙皇帝有200多位妻妾,共为他生育了35个儿子,20个女儿。

如何选定继位者?康熙决定沿用中原各王朝立嫡长子的办法。康熙十四年(1675),下诏立嫡长子胤礽为皇太子。33年后,康熙四十七年(1708),废皇太子。第二年复立,3年后再废。康熙皇帝为什么会在这么重大的问题上反复无常、无计可施呢?想想看,在册立了太子长达30多年的时间里,老子和儿子之间,皇帝和太子之间,大大小小的矛盾,相互看不惯的别扭,能少得了吗?在康熙看来,他的皇太子从一个聪慧的少年,逐渐变成了一个缺乏仁爱、行为乖戾的中年人,这太让他无法忍受。而当太子的地位动摇和变动之际,太子和那么多皇子之间,皇子和皇子之间,各自的关系网、利益圈之间,争位夺利,乱象纷纷,更让他烦躁不安,屡屡发怒。第一次废太子后，康熙皇帝把他的皇子们召集在乾清宫，指名训斥，说到怒不可遏时，拔刀威胁，真的是方寸已乱了。有论者甚至说，康熙皇帝因接班人废立之事太烦恼，太苦闷，中风而亡。两废太子后，康熙皇帝再没有公开建储，致使他死后雍正皇帝如何取得皇位成为一大疑案。

康熙皇帝被接班人问题困扰成何等模样，继位者雍正皇帝看得清清楚楚。他坚决不会再蹈父皇的覆辙了。他早已想好，这是他一上台就必须解决好的问题。雍正元年（1723）八月，雍正皇帝在乾清宫"正大光明"匾额下召见王公大臣，郑重宣布一项重大决定，即从他开始，实行新的皇位继承人制度。具体程序是：在位皇帝亲自书写一份传位于某皇子的密诏，密封在一个匣子里，放置在乾清宫正中高高在上的"正大光明"匾额后面；与此同时，皇帝另写一份同样内容的密诏，随身携带。宣布毕，在四位总理事务王公大臣见证下，将密封的锦匣藏在"正大光明"匾后。

雍正十三年（1735）八月，雍正皇帝的第四个儿子成为清朝第一个以秘密建储制继位的皇帝，这就是乾隆皇帝。乾隆皇帝对历朝历代的建储法做了一番比较，认定父皇开创的秘密建储"实为美善"，进一步将秘密建储确定为神圣不可侵犯的"建储家法"。

乾隆三十八年（1773），乾隆皇帝将亲手写下的密诏藏于"正大光明"匾后。乾隆六十年（1795）九月初三，取出密诏公布天下的还是乾隆皇帝。乾隆皇帝的第15个儿子（嘉庆皇帝）正式被公布为继位者。这一天，正是乾隆皇帝即位60年的整日子。

在"正大光明"的背后秘密建储,虽然名与实、知与行、说与做的"悖论"太过明显,但好歹也算是一项无奈的制度性改革吧。

乾清宫：皇帝如何安寝

一想到在数百年的时间里，乾清宫一直是皇帝的寝宫，问题就来了：1400平方米的大空间，皇帝怎么个睡法？能睡安稳吗？皇帝能不能睡好觉，肯定是一个很大很大的问题。太大、太高、空空荡荡的宫殿空间不利于睡眠，怎么办？于是，在乾清宫内的后面部分，即靠北墙的地方，建房中房，设暖阁9间，且分上下两层，共置床27张，说是供嫔妃们晚上居住，以备侍寝。伺候皇帝睡觉，用得着这么多床吗？若真如此，已很怪异；又说另有用意，意在房多、床多，皇帝每晚睡在哪一张床上，很少有人知道，以防不测。睡觉睡到这份儿上，还能睡安稳吗？

还有一种说法，说皇帝们并不是这么一种睡法。嫔妃们分散住在乾清宫两侧的东西六宫，晚上需要哪位侍寝，招来就是，或皇帝亲自到那位嫔妃的宫中就寝。另有记载，乾清宫东西两侧的昭仁殿、弘德殿，是很严密精致的小院落，皇帝们一般愿意把这两个地方作为他们的寝宫。这倒比较符合实际，严密精致的空间环境确实有利于入睡。

不管怎么说吧，皇帝们的睡觉问题始终是个难以解决好的大问题。或者说，这个问题根本就无解。站在三大殿高台的后边望几眼后廷后宫，有时候会突然想：在占紫禁城近三分之一面积，也就是大约20万平方米的后宫区域，怎么可能、怎么需要日日活动着成千上万的宫女太监呢？以宫女为例，有资料显示，汉朝时五六千，晋朝上万，宋朝数万，唐最高时达四五万，明清数千。

一时的荒唐愚昧不可怕，可怕的是这样的制度性荒唐愚昧，竟然可以在堂皇的皇宫里延续数千年，真是不可思议。

交泰殿：皇后、时间、印记

交泰殿的女主人是管理后宫的皇后。交泰殿内，正中专设皇后宝座。每年的元旦、冬至和皇后生日（千秋节），皇后都要穿戴礼服，在隆重的礼乐中落座，接受朝贺。每年春季，如皇帝亲自参与耕种仪式一样，皇后要举行一次礼仪性的亲自动手的采桑养蚕活动，叫作亲蚕礼。亲蚕礼前一日，皇后来到交泰殿，查看准备工作，检点采桑用具。太监将事先放在乾清门外龙亭里的采桑工具恭恭敬敬地端到交泰殿，摆放在供皇后阅视的桌案上。皇后采桑用的是金钩、黄筐，陪伴皇后采桑的妃嫔用的是银钩，其余随去的命妇们用的是铁钩、朱筐。皇后一一看过，太监们将工具放回龙亭，待第二天使用。皇帝的"亲耕"，皇后的"亲蚕"，虽然都是象征性的"仪式"，但事关皇家的吃饭穿衣问题，也与天下百姓的吃饭穿衣问题密切相关，民生事大，这种仪式也有高度重视、示范带动的意义与作用。

"乾清"指的是天，"坤宁"说的是地，《易经》有言："天地交，泰。"天地之气在交泰殿融会贯通，阴阳相交，生养万物。不管事实如何，这名称上的功夫，绝对到位。即便偶有问题发生，也要尽快抹平。崇祯皇帝的周皇后是明朝交泰殿的最后一位女主。崇祯十二年（1639）元旦，被崇祯皇帝宠爱而与周皇后关系紧张的田贵妃到交泰殿向周皇后朝贺，周皇后让其在门外的寒风里等了许久，朝拜时亦无话可说，而与晚来的袁贵妃却相见甚欢，说个没完没了。田贵妃大恨，事后向崇祯皇帝哭诉委屈。崇祯皇帝到交泰殿找周皇后问讯，气头上一掌将周皇后推倒在地。皇后绝食，甚至想要自杀。崇祯皇帝冷静之后，颇为后悔，命宦官送给周皇后一条貂皮褥子和几句问候。帝后复和好。

在康熙、乾隆皇帝的心目中，交泰殿的作用更大、更实在，这从他们给交泰殿题写的匾联中可见。匾："无为"，康熙皇帝题写。联："恒久咸和，迓天休而滋至；关雎麟趾，立王化之始基"，乾隆皇帝题写，意思是说，接受天赐之福的恒久和谐可以达到极致的境界，淑女与王子能够创造帝王基业新的开端。多么美妙而崇高的帝后婚姻啊，而最重要的，全在于帝王的家业后继有人！这是不是"无为"而治的最高境界呢？

和前朝的三大殿一样，后三宫当然也是建在高台上的。但后三宫的台基就低多了。三大殿的台基是三层，后三宫的台基只有一层。值得注意的是，在交泰殿台基下面的东西两侧，各有两排低矮的小房子，共4排20间。小房子的屋顶虽然也是黄琉璃瓦铺排，但高度不超过交泰殿的台基。站在小房子门口，举手即可触及屋檐；弯腰入内，正常的个头就会碰到屋里的横梁。与上方和周围的宫殿相比，里里外外的差异大到惊人，但从外表看，从与整体建筑环境的关系看，却又很协调，若非特意关注，甚至根本感觉不到它们的存在。为什么会在巍然的宫殿下面，配置这么低矮的小房子呢？原来,这是专为太监安排的值房。皇帝的"乾"也好,皇后的"坤"也罢,或是皇帝、皇后的天地"交泰",必须得有太监这样的"非人"之人24小时全天候服务到位。

除了专为皇后设置的宝座,除了康熙皇帝、乾隆皇帝亲自书写的匾联,交泰殿里另有三样物件也很醒目:一是东侧的铜壶滴漏,二是西侧的大自鸣钟,三是排列于宝座左右的25颗清朝皇帝的宝玺。

西侧的大自鸣钟,为机械制动的报时器。有记载说是明朝万历年间,传教士利玛窦从意大利带来献给万历皇帝的。皇帝兴趣甚高,特命工匠给大钟量身定制了一座精美的木阁楼,用银1300两。利玛窦看了感慨道:"阁楼上下刻满了人物、亭台,鸡冠石、黄金装饰,闪闪发光,艺术水准与欧洲相比,毫不逊色,真是配得上帝王的陈设啊!"清嘉庆二年

交泰殿及平台下的太监值房

（1797），陈设在交泰殿的大自鸣钟与交泰殿一同毁于火灾。当年交泰殿重建，次年宫廷造办处重造大自鸣钟，仍放在交泰殿，一直到现在。豪华的大自鸣钟通高5.568米，分上中下三层。一层背后有门，内设三组机轮，中间一组驱动时刻指针，右一组击钟报刻，左一组击钟报时，一刻一响，一时一鸣；二层向东的一面为标刻罗马数字的表盘，背面也有门；第三层为楼顶。大自鸣钟每月上弦一次，数十年无差。报时钟声嘹亮，传声数百米外。此钟鸣，神武门上即鸣钟鼓，宫城外钟鼓楼随即响应，向全城报时。在相当长的时期里，交泰殿的大自鸣钟，是宫中乃至整座北京城的标准时间发布者。

交泰殿东侧的铜壶滴漏，也称铜壶刻漏，是乾隆皇帝命令制造的。铜壶滴漏是中国古代历史悠久的计时器。其原理

是依据水滴落下的节奏计算时间。每到一个时辰，滴水满，标有时辰的水箭则浮出水面；水满箭尽，水则泄出，非常形象地显示着时间的流逝。

乾隆时制造的这座铜壶滴漏，超级"高大上"，似乎要与原创于意大利的大自鸣钟一较高低。在位置上，铜壶滴漏放在左侧，以左为上，表示其地位高于右侧的大自鸣钟。确实也高一些，通高5.76米，比大自鸣钟高近20厘米。并且同样做成楼阁状，也是上中下三层，内部结构复杂精致。箭是铜人抱箭，放置在舟状的铜鼓之上。外形重檐方亭，更显豪华气派。乾隆写《刻漏铭》赞道"迎日揆景，举分测辰"；"器与道偕，是验是虔"，将其运行原理提升到天地运行之道的高度，比较起来，大自鸣钟则属"淫巧徒传"了。虽然乾隆皇帝很是得意，但是用起来颇费劲，须有专人看管，尤其在寒冷的冬日，要常用热水换冰水，防止其冰冻无法运转。乾隆时代一过去，就不再使用了。嘉庆皇帝也有改父皇做法的理由，因为康熙皇帝写过赞美大自鸣钟的诗句："昼夜循环胜刻漏，绸缪宛转报时全。"看来，在对待外来新生事物上，比乾隆老的、比乾隆小的，都比乾隆皇帝实事求是些。

清朝皇帝的25颗宝玺，也是乾隆皇帝确定并放在交泰殿里的。被历朝历代渲染得神秘莫测的所谓传国宝玺神话，是从秦始皇的"万世传国宝玺"开始的。一块刻着"受命于天"的玉石，竟被视为王朝正统的信物和象征，在改朝换代中被争来抢去，真真假假的一直传说至唐朝、宋朝、元朝。明清两代均有获得"传国玺"的"事件"流传，据说乾隆皇帝亲自鉴定为假。其实，皇帝们心里明白，传国玺只不过是一种可以利用的说法而已。明朝人就说过:"受命以德,不以玺也。"乾隆皇帝说:"即真秦宝,亦何足贵?""何得与本朝传宝同贮?"乾隆皇帝抓得准,什么宝不宝,传本朝、本朝传才是本质。所以他为本朝确定二十五宝,比明朝的二十四宝多了一宝,并隆重地放在后宫的"天地交泰"处。至于宝玺上的文字,刻来刻去,与秦始皇的还是一脉相承。比较紫禁城里明朝的"二十四宝"和清朝的"二十五宝",其印文大同小异,意思则完全一样。印文一字不差的就有十三方,如"皇帝奉天之宝""受命之宝""皇帝之宝""皇帝信宝""天子信宝""天子行宝""皇帝尊亲之宝""皇帝亲亲之宝""制诰之宝""敕命之宝""广运之宝"等。

交泰殿及殿内标志时间的传统的铜壶滴漏和外来的大自鸣钟,与标志皇权的二十五宝,联系在一起看,是空间、时间与皇权关系的集中体现,交泰殿是皇帝理想中的"乾清"与"坤宁"之间的"交泰"结点。对于永恒的天地之间的"时间性"帝王而言,最重要的是对权力的"即时性"把控,就像交泰殿中的二十五宝的全部印文所不厌其烦地反复唠叨、反复"钦印"着的那些意思。

对于皇帝的宫殿来说,交泰殿里皇后的宝座重要,康熙皇帝、乾隆皇帝题写的匾联重要,为宫中和京城制定标准时间也重要,更重要的还是用作证明皇权、象征皇权的二十五宝玺。虽然一家一姓不可能一脉独传,"受命于天""奉天之宝""皇帝之宝"却传承了几千年。

坤宁宫：洞房花烛与萨满祭祀

交泰殿后面的坤宁宫，是后三宫最后一座宫殿。坤宁宫格外聚人气，明晃晃的大玻璃窗前总是挤满了向里探望的人群，大家都想看看皇帝娶媳妇的洞房到底是什么样子的。可是，大多数人并不清楚，与皇帝皇后的洞房同在一个屋檐下，仅仅一墙一门之隔的，就是每天要在大锅里煮四只整猪，定时定点举行萨满祭祀的地方。

当然只有清朝才这么做。明朝的几百年里，坤宁宫一直是皇后的住处。明朝坤宁宫的最后一位主人就是那位被崇祯皇帝一掌推倒过的周皇后。也许是小时候生活在江南的缘故吧，这位周皇后非常喜欢茉莉花，60盆上好的茉莉整齐地排列在坤宁宫前后，花开时节，坤宁宫内外花香四溢，周皇后身着素白纱衫，采茉莉花插于发髻，动静飘香。崇祯十七年（1644）三月十八日，李自成攻陷北京城，崇祯皇帝将周皇后、袁贵妃叫到身边，狂饮几十杯酒后，挥剑砍向袁贵妃，袁贵妃应声倒地。周皇后立即跑回坤宁宫，自缢而死。

明朝的末代皇后吊死在坤宁宫，入主紫禁城的清朝皇帝的皇后住了进来。从康熙皇帝开始，坤宁宫成为皇帝、皇后大婚时的洞房。历朝历代当了皇帝才结婚的不多，清朝不少，除康熙皇帝，前有顺治皇帝，后有同治皇帝、光绪皇帝，逊帝溥仪也算一个。同治皇帝、光绪皇帝的婚礼，都是由慈禧太后操办的，奇怪的是国家衰败得不成样子了，皇帝的大婚典礼却越发盛大。光绪皇帝的婚庆规模最大，也是中国帝制历史上最大、最典型的皇帝大婚典礼。准备了近两年，耗银550万两。仅银两，按时价折成粮食，够190万人吃一年。另外还留下了一丝不苟、精细描绘光绪大婚的八大本《大婚典礼全图册》。真乃末世浮华啊！

现在在坤宁宫外隔着玻璃窗看见的，大体上就是那时洞房的样子。光绪十五年（1889）正月二十七日，19岁的光绪皇帝，奉慈禧命迎娶22岁的慈禧侄女隆裕皇后。完成了一系列皇后进宫的仪礼后，傍晚时分，在坤宁宫举行帝后合卺礼。各宫各殿各门大红喜字红绸装饰，彩灯高悬。坤宁宫东暖阁龙凤喜床上，摆放着装有金银珠宝五谷等物的宝瓶，床帐绣五彩百子图，大红缎床褥绣龙凤双喜，明黄、朱红缎被彩绣百子图。喜床上方悬匾："日升月恒。"配联："宝瓞长绵，八极人天欢喜；金萱并茂，九霄日月光华。"皇帝、皇后先坐在龙凤喜床上吃子孙饽饽，然后坐在南边炕上，皇帝左，皇后右，面对面共进合卺宴。高一尺（约等于0.33米）的炕桌上，18个大大小小的金盘、金碗、金碟等，满盛着雕饰出双喜、龙凤呈祥字样的燕窝与猪羊鸡鸭各式精美菜品。皇帝、皇后礼仪性地用过合卺宴后，再晚一些时候，还要吃一餐长寿面，花烛之夜过后，到第二天天亮之前，再共进一席如合卺宴般丰盛的团圆宴。

上至帝王，下到平民，娶媳妇嫁闺女，一样地以吃为主。不过，坤宁宫洞房隔壁却是另一种吃法。

从雍正皇帝开始，皇帝的住处转移到养心殿，皇后也不在坤宁宫居住了。除了大婚时的皇帝、皇后在坤宁宫举行合卺礼，居住三天，坤宁宫的用处，就是日复一日地举办萨满祭祀活动。

萨满祭祀的传统，是由清朝皇室从关外带到北京紫禁城来的。仿盛京皇宫里专用作祭祀的清宁宫的结构布置，把坤宁宫原来的西暖阁拆去，与正堂连通，形成较大的祭祀空间。西面的墙上悬挂天神像、布偶、黑色布幔，正中北面靠后窗，安置三口可煮整只猪的大锅。东暖阁仍保留，用作皇帝、皇后大婚时的洞房。

萨满祭祀的内容是祖先崇拜、多神崇拜，所祭之神主体是满族始祖，也祭蒙古神、释迦佛、观音菩萨、关帝君等。坤宁宫的萨满祭祀，分为每年元月和春、秋的大祭，每日的朝祭、夕祭。祭祀仪式的突出特点是用煮熟的整只猪祭神及舞蹈般的跳神。坤宁宫前，<u>竖立一根三丈（约10米）</u>高的神杆，又叫祖宗杆子，祭祀时，上面挂着敬献给神的猪颈骨肉，在祖宗杆子的东北边设案，堆放祭祀猪肉。

大祭时，皇帝亲率王公、臣僚分食祭神猪肉。祭神肉不放盐，吃起来也是相当艰难的任务，有人会悄悄地在宽大的袖筒里带些盐巴，吃时偷偷撒在肥肉上。皇帝和王公大臣在坤宁宫正堂吃肉的同时，皇后率贵妃等女眷在东暖阁吃。大祭一次杀猪、煮猪39头，常态性的每日里的朝祭与夕祭，每祭都要用两只整猪。祭过神的猪肉，侍卫等宫中人员分吃。算下来，全年萨满祭祀用猪，将近2000头，特供专供祭祀用猪，也是一项不小的产业。

　　站在坤宁宫前，看看东边的皇帝洞房，中间和西边的萨满祭祀场，想想皇帝、皇后洞房花烛的情景，平日里天天在皇帝洞房隔壁杀猪、煮猪的情景，各类人等埋头大吃无盐肥猪肉的情景，这样的情景竟然能够一成不变地维持了几百年——真是难以想象。

钦安殿：最后的宫殿是神殿

前三殿、后三宫之后，中轴线上最后一座宫殿，既不是为皇帝建造的，也不是为皇后建造的，而是建造紫禁城的朱棣皇帝为一尊神建造的。这尊神的名字最终也是朱棣皇帝确定的，叫玄天上帝。这座宫殿的名字叫钦安殿，是中轴线上唯一一处神的居所——神殿。

钦安殿位于坤宁宫后面的御花园正中。前些年大修，发现其梁架均由粗壮的楠木构成，为典型的永乐时风格；周围的汉白玉雕花栏板、栏杆、望柱，是紫禁城中雕刻最精美的，这也是明初的特征。凭这两条，足以证明钦安殿600多年来没有遭到严重的损毁。明嘉靖十四年（1535），在大殿周围增建围墙，钦安殿院落自成格局。围墙正中南向设门，名天一门，取义"天一生水"，以避火患。中轴线上的宫殿，钦安殿是唯一没遭受过火灾的。没遭过火灾，又有乾隆、道光两朝留下的《钦安殿陈设档》为依据，因此有专家认为，钦安殿的外部建筑与内部陈设，是紫禁城里极少有的明朝原状。

钦安殿内供奉的主神是玄天上帝。殿内排列大小神龛14座，从神32尊，还有经书与各种供器。正面排列三座大神龛，神龛内各有一座玄天上帝坐式铜铸像，高2米。正中龛内铜像为永乐时铸造，面部鎏金，披发跣足，着盔甲，手持断魔雄剑，坐在宝座上，前面供龟蛇（玄武）。东西两侧的玄天上帝铜像为清朝仿明朝像铸造。

玄天上帝神由真武神演化而来。真武神即玄武神，原为古神话中的北方神，即水神。元自北方来，元朝开始尊称真武神为"帝"。明朝永乐皇帝尊奉真武帝，应与朱棣镇守北方、兴于北地、定都北京有直接关系。另有传说，朱棣率军南征"靖难"，真武显灵以天兵助朱棣夺取帝位，因此，永乐皇帝将真武神推到最高神的地位，奉为"玄天上帝"。永乐时，每年元旦、三月三日、九月九日及每月初一和十五，都要举行国家祭祀典礼。

从钦安殿陈设看，明永乐皇帝、弘治皇帝和嘉靖皇帝，清雍正皇帝、乾隆皇帝、嘉庆皇帝和道光皇帝，比较热衷于在钦安殿做斋醮（道场）。早期，因后宫坤宁宫直通钦安殿，不便于大张旗鼓，自嘉靖皇帝建坤宁门与后宫隔离，建天一门、围墙封闭钦安殿后，斋醮活动就热热闹闹地开展起来了。明嘉靖皇帝和清雍正皇帝表现最积极，都曾诏令江西龙虎山道士主持钦安殿活动，安排太监充当道士每日到钦安殿值班，诵经焚香。自康熙皇帝为太后做道场后，钦安殿道场在清朝成为定制。每年元旦，皇帝到钦安殿拈香行礼。每遇节令，钦安殿即设道场。

御花园里钦安殿的道场，实在是皇宫里的一道风景。想来不管是明朝还是清朝，越是位高权重者，越是不肯轻易放弃求神、拜佛、做道场，越是要树立偶像、朝拜偶像。尤其是拜"玄天上帝"，更能确立"天子"的身份，自然会成为皇帝们愿意继承的传统。

末代皇帝的"小皇宫"岁月

最后一个皇帝溥仪3岁登基,6岁退位。溥仪虽然从6岁开始就不是皇帝了,但仍住在故宫中,直到19岁才离开。在这段时间里,在原皇宫的后宫里,以"小孩子"逊帝溥仪为中心,依然维持着"小皇宫"的状态。中国末代"小皇帝"虽然失去了皇帝身份,也失去了皇帝权力,可是,依然使用着皇帝的尊号、年号,撑持着皇帝的架子,依然被宫里的人前呼后拥,日日接受宫里人的磕头请安,只不过是在不为外界知道、不为外界关注的小范围里。溥仪觉得自己还是皇帝。

小朝廷没什么正经事干,可吃闲饭的并未减少。溥仪即位的宣统元年,管理宫廷事务的内务府官员共1000多人,民国初减到600多人,到溥仪出宫时,还有300多人。另有太监1000多人,溥仪裁撤过一次,到出宫时,还有太监400多人,宫女100多人。光是养这么多人,需要多大的开支?溥仪本身的开支也不小。仅吃饭一项,溥仪一声"传膳",立即有十几名太监抬着7张膳桌,捧着数十个朱漆金龙食盒,送进养心殿。据一本旧账所记,在寒冬到来的一个月里,就给溥仪做了皮袄、皮袍、皮褂、棉衣裤53件,正式工料不算,仅装饰、针线等零星杂项,就耗银2130两。

1919年,五四运动那一年,溥仪14岁,一位叫庄士敦的英国人进入故宫,成为溥仪的外籍"帝师"——英语老师。庄士敦出生在英格兰,牛津大学文学硕士,进宫之前,分别在英国租借地香港、山东威海卫工作,担任威海卫租界行政长官助手14年之久,汉语流利,对中国文化、宗教有比较深入的理解和研究。选择英国人做溥仪的老师,主要原因是当时中国政府的执政者希望中国能够逐渐发展成像英国那样的君主立宪国家。能够决定这件事的人,不仅要求庄士敦教溥仪英语,还希望他对这位年少的"逊帝"有多方面的影响。

庄士敦在故宫的办公室安排在御花园西南角的养性斋。养性斋是一处颇为特殊的建筑,平面呈"凹"字形,双层,转角连体连廊。在此后的几年里,御花园里经常出入一位蓝眼睛、黄头发、白皮肤、西装革履的"洋老师",他有时候又变成身着中国宫廷式官袍加顶戴的"洋师傅"。这个现象很有意思。英国是老牌的资本主义国家,17世纪时西方资本主义已经形成,英国就是代表,18世纪西方的工业革命龙头也是英国。火烧圆明园有英国,八国联军侵入紫禁城有英国。中国和西方的关系,竟以这种奇异的方式投影于少年"逊帝"。

这个时候的北京,与故宫仅仅一墙之隔的地方,完全是另外一个轰轰烈烈的崭新世界。位于故宫外东北角的北京大学,在辛亥革命之后很快成为中国新文化运动的发源地。新文化、新思想风起云涌,新人物层出不穷,各类社会团体活动频繁,宣传各自主张及言论的报纸杂志花样翻新。新气象与旧宫殿,新青年与遗老遗少,新文化、新道德、新思想与旧文化、旧道德、旧思想,民主科学与君主愚昧,新世界与

二 中轴线上

旧世界，也就一条护城河的距离。

庄士敦从进入故宫的那一天起，教溥仪英语的同时，自然也在有意无意地用西方的文化思想影响他的下了台的中国"皇帝"学生。超出所有人的想象，比溥仪大31岁的庄士敦与溥仪相处得非常融洽，非常亲密，远远超过了溥仪与其他"遗老""帝师"的关系。因为只有庄士敦才有可能在人格平等的基础上尊重溥仪，不把溥仪当作"皇帝"，而只当作一个孩子来亲近，这连溥仪的父亲也无法做到。在溥仪看来，庄士敦完全不是一位古板的"帝师"，更像一位慈祥的大叔。溥仪让庄士敦给他起一个英文名字，庄士敦列出一串英国皇家家族的名字让他选择，溥仪选了"亨利"，在以后的许多年里一直使用。溥仪婚后，亲自给皇后婉容起英文名为"伊丽莎白"。

庄士敦鼓励溥仪吸收新鲜事物，建议溥仪阅读新的报刊，接触新派人物。庄士敦是有选择的，他选择倾向英美的自由主义新人物。他建议溥仪见见胡适。1922年，在庄士敦力主下，宫里给溥仪装了电话，溥仪试着把电话打到胡适那里。胡适虽已是新文化运动的大名人，接到"皇帝"亲自打过来的电话，还是有些异样的兴奋。接着胡适被请进宫里，溥仪当面"垂询"。胡适惊讶于深宫里的溥仪居然也看新报新刊，读他们的新诗，溥仪居然还很具体地问到康白情、俞平伯的新诗，并说他赞成白话，也试着写新诗。这肯定使这位极力倡导白话文、出版了中国第一本新诗集《尝试集》不久的胡适大为感动。他们还谈到皇产的问题，出洋留学的事。胡适给溥仪出了清理皇产、独立生活的主意。在清室财产是"公"是"私"的问题上，胡适持清室私有论，主张作价有偿收归国有。也许是胡适的主张深得溥仪欢心，1924年溥仪再度召见胡适。溥仪被逐出故宫后不久，胡适还到溥仪住处拜访，说了些鼓励溥仪实行出国访问计划的话，这和庄士敦的主张非常一致。胡适很想以他的方式影响这位处境"寂寞""可怜"的"年轻人"。

1924年，来自英国殖民地印度的大诗人、诺贝尔文学奖获得者泰戈尔访华，庄士敦向溥仪介绍泰戈尔，推荐泰戈尔的诗，建议溥仪邀请泰戈尔来故宫，溥仪很高兴地答应了。泰戈尔来访，一起来的还有陪同并做翻译的诗人徐志摩及才女林徽因等。溥仪在御花园迎接，在养性斋设宴招待。泰戈尔把自己的一幅大白胡子画像赠送给溥仪。白胡子诗人与摩登文化男女、摩登"皇帝"在御花园里吃饭、喝咖啡、喝英式下午茶，也算是御花园里难得的别致风景。

庄士敦一方面真诚地关爱呵护着他的小学生，一方面一直担心溥仪无法走出"皇宫"的牢笼：虽已败落却仍很壮观威严的"皇宫"的控制与诱惑；遗老遗少们的日日磕头请安出主意；尤其是既没文化又极贪婪、极善于逢迎拍马钻空子的太监们不择手段的围攻——庄士敦为溥仪深感不安，甚至深感恐惧。

在溥仪的英国老师担心他的体魄、智能、精神被严重扭曲的同时，从另一方面看，成为逊帝的溥仪，与他之前的少年皇帝、皇子皇孙比，宫中的规矩秩序已非往昔。很少受到约束与管教的末代皇帝的少年生活，无疑是几百年来皇宫里最随心所欲、最欢乐快活的。

溥仪虽可能没从英国老师庄士敦那里得到什么真才实学，但是从老师的言谈举止中，倒是知道了不少皇宫之外、中国之外的新鲜事。庄士敦让溥仪订阅了十多种外国杂志画报，溥仪就命内务府按照上面的宣传图片，买洋狗，买洋式家具，买钻石，买西服，买像庄士敦佩戴的那样的怀表、戒指、别针、领带。溥仪养的中外名犬，最多时有100多只，如羊群一般。曾被叫作"奇技淫巧"的新奇玩意儿纷纷进了故宫。

身居故宫深处的溥仪绝对是那时的时尚少年：念英语，看电影，听留声机，养洋狗，玩玩具，剪辫子，穿西装，吃西餐，戴墨镜，骑自行车，玩照相机，弹钢琴，读新报新刊，打电话，光着膀子打网球，穿着时尚运动服打高尔夫球……英国三枪牌、双枪牌、美人牌，德国蓝牌，法国雁牌、狮子牌自行车，20多辆，玩腻了，送人，再买。后宫里不少通道的门槛被锯掉了，就是为了给溥仪骑自行车转悠开辟无障碍通道。后来看见庄士敦开着福特牌小汽车到宫里上班，便又喜欢上小汽车，花大价钱买了美国通用的别克轿车。庄士敦让溥仪沾染了太多的西化"绅士范儿"，与本来就有的"小皇帝"派头一混搭，活脱脱一个"中西合璧"的小顽主。

维持"小皇帝"的奢华生活、"小朝廷"的体面排场，仅靠民国政府的优待皇室费入不敷出，只好用宫中的金器等古玩向银行抵押借钱。又由抵押借款，发展到倒腾宫中文玩。对溥仪来说，他觉得自己还是"皇帝"，故宫还是他的家，他有权支配那些东西。虽然自我感觉十足，但到底心虚，随意赠送宫里的珍贵物品总不是十分的理直气壮了，往宫外转移也多半有些偷偷摸摸的样子。就这样溥仪还是把宫里好多珍稀文物赠送给了中华民国的有关政府官员，具体多少无可计数；通过弟弟溥杰转移出宫多少也无可计数，光是历代书画就有千余件。上行下效，他身边的那些人也在变着法子往外拿。庄士敦提醒溥仪，说他的住宅所在的地安门街上，就有多家由太监、内务府官员开的店铺，得管一管。溥仪说，那好吧，明天就查。当天晚上集中存放古物的建福宫就被大火烧毁了。事后光从灰烬里就捡出数十斤熔化成一片片、一团团的黄金。金佛像、历代书画、瓷器、青铜器、古籍善本，到底烧毁了多少，谁也无从知道。也许溥仪并不怎么心痛，他可能也知道这么多东西迟早不是他的，保不住，烧了也罢，他把废墟草草整理了一下，做了他的网球场和自行车车技训练场。

事实证明，仍被关在故宫深处的末代皇帝溥仪，不可能被庄士敦轻易地"西化"，也不可能因阅读新文化运动中的新报新刊，因与胡适、徐志摩这样的新派人物来往而被"新化"。

庄士敦想"西化"溥仪，也想"西化"中国，但他没有那么大的心力，也没有那么大的能力，最后的结果却是他自己反被"中化"了。至少在行动上，他对溥仪完全是臣子对皇帝的姿态，磕头、请安、俯首称臣，一律遵循宫里的规矩。在他人生的历程里，与溥仪在一起的岁月，毫无疑问是他最得意、最风光，也是日子过得最滋润的时期。这一切都来自中国式皇权的余威。庄士敦离开溥仪以后，不论在中国，还是在英国，只要有机会，就会想办法去拜谒溥仪。晚年回到英国以后,似乎已经无法回到西方文化中了。他一心一意惦记着溥仪,溥仪似乎是他永远的"皇帝"。他在英格兰买了一座小小的岛屿,在小岛上盖了一座房子,小岛叫"国王之岛",房子取名"帝室",在房子门口挂了一面旗子,旗子上写着"满洲国"三个字——因为那时的溥仪正做着"伪满洲国"的"伪皇帝"。

神武门：终结之门，开启之门

故宫的北门神武门，与同在故宫中轴线上的南门午门，一南一北，隔宫守望。

神武门初建时名玄武门。玄武之名，古已有之。以往朝代的宫殿北门，也有叫玄武门的。中国古代四方神中，玄武主北，历来被奉为护佑国家的北方大神。建造紫禁城的朱棣皇帝，重新命名玄武神为玄天上帝，同时也在尽力把自己打扮成玄天上帝的化身。紫禁城内中轴线上最北面的宫殿钦安殿，祭祀的就是玄天上帝。玄武门就在玄天上帝的身后。清朝因避康熙皇帝玄烨名讳，才改名为神武门。

神武门门楼上设钟鼓，向南与午门门楼上的钟鼓，向北与北京城中轴北端地安门外的钟鼓楼相呼应。每天晚上，依据更点敲钟击鼓，从头天晚上的起更，到第二天凌晨的五更，每更一人，轮流值班。日日暮鼓朝钟，虽可为宫廷与京城统一时辰，但这依时按点的钟声鼓声，大概也会影响皇帝的睡眠。清朝的时候，皇帝不在宫中居住时，每天起更前，神武门鸣钟108声，每更击鼓，第二天五更后再鸣钟；皇帝在宫中居住时，每更只击鼓，不鸣钟。

同样是鸣钟击鼓，神武门与午门的钟鼓声是不一样的。午门的钟鼓声配合皇帝的行动，是仪式性的，而神武门的钟鼓声则是时间性的,由时间决定。午门的钟鼓声制造和渲染皇帝的威严与气势,神武门和钟鼓楼的钟鼓声则是用时间显示规范与制度,用声音提醒遵守与服从。

遵循古代前朝后市的规范,明朝于每月的初四、十四、二十四在神武门外开设市场,偶或举行盛大庆祝活动,这是京城百姓可以近距离观望皇宫的难得时机。清朝取消了市场,但遇有值得大庆的事情,也会在神武门举行盛大庆典。如康熙皇帝取得削平三藩、统一台湾的重大胜利后,就在神武门外举行过盛大的露天宴会及歌舞娱乐表演。搭建高台,演出戏剧,甚至推出真虎、真象、真马类似马戏团的表演。入夜,彩灯、明月、宫墙、城楼相辉映,鞭炮连天,神武门外京城民众彻夜狂欢。

从神武门开市来看,明朝还真有些市场和商业意识。在皇宫的后门外固定时间开市,可以起到作为权力中心的宫廷鼓励开放市场的作用。但也有与此相关却很怪诞的事情发生。有的皇帝可能对民间的买卖交易既好奇又甚有兴趣,但遗憾的是不可能每逢开市就跑到神武门外混进生意堆里。明朝颇爱游乐的正德皇帝朱厚照,忽然冒出一个主意,并立即实行:在神武门内东西两侧靠城墙的叫作廊下家的长房里,开设六家店铺,分别叫作宝和、和远、顺宁、福德、福吉、宝延,店铺货品来自宫中储存财物及各地贡品。宦官扮作店铺掌柜,皇帝扮作做生意的买卖人,手拿账簿、算盘,与一个个"掌柜"讨价还价,你来我往,争得不可开交。为调解商业纠纷,还特设一名"市正"做仲裁。生意做累了,在宦官的簇拥下,皇帝来到仿民间酒肆的廊下酒家。那时廊下家一带栽有不少枣树（现仍有若干），宦官们用熟透的枣做酒曲，酿酒外卖，因沾了皇气，居然成了颇有名气的"廊下内酒"，也算宫里的"文创品"吧。宫女们扮作酒肆服务生，招呼皇上买醉。皇上醉了就地倒头便睡，酒醒了再玩，有时连玩数天。如此宫中奇葩，或许与明朝市场经济发育有关。若由此有力推动商业发展，也算幸事，可惜的是，这仅仅是皇帝个人的一己爱好、一时兴起而已。虽然不好与清朝的康熙皇帝热衷于数学、科学仪器相提并论，但从没能把皇帝的个人爱好与努力，通过帝王的集权，推广、转化为社会生产力发展和社会转型进步方面看，本质上没什么两样。

与皇宫禁地的其他地方比起来，神武门内外确实是一处比较热闹的地方。清朝的皇帝们一年里有不少时间不住在紫禁城里，他们从远处的避暑山庄或近处的圆明园、颐和园回来，大都从神武门入宫。神武门也是后妃和皇室成员出入皇宫的专用通道。皇帝出巡，从午门出宫，而随行的嫔妃，则须从神武门出宫。

明朝最后的崇祯皇帝朱由检，从神武门跑出去，跑到万岁山吊死了，长达270多年的明帝国就此终结。清朝最后的宣统皇帝溥仪，也是中国帝制史上最后一个皇帝，被"逼"出皇宫，也是从神武门出去的，长达290多年的清帝国，至少从秦始皇开始的长达2000多年的中国皇帝时代就此终结——神武门是帝制终结之门。从1925年神武门挂起"故宫博物院"牌匾开始，皇宫禁地转型为公共博物馆——神武门又成为见证历史巨变之门，开启公共文化之门。

三 西区、东区故事

宫廷里的故事有意思,思考故事里面、故事后面的含义更有意思。

中轴与西区、东区

故宫内的宫殿建筑群,从平面布局看,基本上可以划分为中路区、西区、东区三大区域。从午门到神武门,以中轴御道上的太和门、前三殿、后三宫为主体的区域为中路区;中路区西面,由南到北,主要由武英殿、内务府、造办处、慈宁宫、养心殿、西六宫、建福宫到英华殿组成的区域为西区;中路区东面,由南到北,主要由文华殿、南三所、箭亭、奉先殿、东六宫、宁寿宫区组成的区域为东区。三大区域以南北中轴,即以御道为基准线,大体上呈左右对称状。

中路区的建筑严格对称。若以御道为轴线对折,两侧的建筑则可以完全重叠。建筑的名称也是一一对应,如午门的东雁翅楼与西雁翅楼;太和门广场东西两侧的协和门与熙和门;太和门两侧的昭德门与贞度门及两座崇楼;太和殿广场东西两侧的体仁阁与弘义阁、左翼门与右翼门;太和殿两侧的中左门与中右门;保和殿两侧的后左门与后右门及两座崇楼;乾清门广场东西两边的景运门与隆宗门;乾清门两侧的内左门与内右门,九卿房与军机处;乾清宫广场东西两侧的日精门与月华门;乾清宫两侧的昭仁殿与弘德殿,龙光门与凤彩门;交泰殿东西两面的景和门与隆福门;坤宁宫两侧的东暖阁与西暖阁,永祥门与增瑞门,基化门与端则门……光

三　西区、东区故事

是这些名称的对称,也颇费一番心思。

东区与西区虽然不可能如中路区的建筑那样可以对折重叠,但以中路区为轴线区,东西两区由南到北的建筑群落,大体上还是对称的,如太和门、前三殿东面的文华殿区与西面的武英殿区;东面的上驷院、南三所、箭亭与西面的内务府、造办处、各类作坊库房;后三宫东面的奉先殿、东六宫、宁寿宫区与西面的养心殿、西六宫、慈宁宫区。

按照五行说法,木居东,东主春,主阳,万物生长,欣欣向荣;金居西,西主秋,主阴,万物凋零,清冷肃杀。紫禁城里东西区建筑功能的分配布局,也不脱此俗套,明显有阳与阴、男与女、人与物的区别。东区的文华殿,是皇帝经筵讲学的地方,相对应的西区的武英殿,则成为编辑制作图书的"皇家出版社";东区的南三所,是皇子们居住的地方,相对应的西区的造办处及各类作坊,则是为皇宫制造物件的场所;东区的宁寿宫区域,包括乾隆花园,是乾隆皇帝"退休"后当了太上皇休养的地方,相对应的西区的慈宁宫一带,则是皇太后们活动的范围。不过,宫殿的功能布局,有时候也会因人而变。终于当上了太上皇的乾隆皇帝连一天也没到宁寿宫区住过,倒是比太上皇还太上皇的慈禧太后,本该住在慈宁宫区域,最后却在宁寿宫区住了下来。

紫禁城构建之初的中轴对称,不论从外部还是内里看,都很严谨。最严整的是后三宫乾清宫、交泰殿、坤宁宫与东西两侧的东六宫、西六宫的布局,12座方正规矩的院落,整整齐齐、一一对应地排列在后三宫的东西两边。

建筑的形态从来规范不了权力、人心。清朝中后期以后，由建筑形制和建筑功能规定的均衡，被内部的变动悄无声息地打破了。最初的，也是最大的动作，是雍正皇帝将内廷的中心，即皇帝日常处理政务及居住的地方，由乾清宫转移到西六宫南面的养心殿。从此，位于后三宫西南角的养心殿，以及养心殿南边的军机处，便成为宫里宫外、举国瞩目的家国焦点。

国家权力中心在皇宫里的位置向西偏移，固然起于雍正皇帝，但究其根源，与康熙皇帝不无关系。在治国理念上，与明朝的皇帝们明显不同的一点是，康熙皇帝根本不相信明朝皇帝无休止地建城池、修高墙、筑长城能够保护得了自家天下，他不会继承明朝的做法，去继续修补加固和抬高宫城、皇城、京城、长城，他也不会把自己困在明朝的宫殿宫城里。当他的地位、他的国家稍稍稳固一些，他就大张旗鼓地在京城外，在更远的地方，大兴皇家园林。人们熟知的京西几大园林：香山的静宜园，玉泉山的静明园，现在北京大学西面和西北面的畅春园、圆明园，基本上是康熙朝开始营造的。康熙皇帝还在数百公里之远的地方修建避暑山庄、木兰围场，春秋射猎，夏季避暑。炎热的夏天，主要在畅春园、避暑山庄居住、理政。开启了"居园理政"模式的康熙皇帝，最终死在了畅春园内的清溪书屋。

雍正皇帝继位后，大规模扩建康熙皇帝赐给他的圆明园，加上乾隆皇帝更大规模的扩建，圆明园成为占地350万平方米、建筑面积20多万平方米的超大型皇家园林。不仅总面积相当于四个紫禁城，建筑面积也超过紫禁城。

康熙的大兴园林、居园理政，被清朝的帝后们一代一代地传承发扬，兴建这么好、这么大、这么多、这么舒适的皇家园林，不去充分地享用还真有些说不过去。从康熙开始的清朝的帝后们，每年一半以上时间居园理政，越到后期，他们在紫禁城居留的时间越少。还有紫禁城西边的西苑，占地100万平方米，与紫禁城同大。西苑的基础为元、明奠定，清大规模扩建并广泛使用，成为清朝从顺治皇帝就开始的各位皇帝经常居住听政的地方。中南海的南海瀛台，是康熙、乾隆、光绪、慈禧的重要活动场所。戊戌政变后，慈禧"软禁"光绪皇帝于瀛台，自己在瀛台东北面的仪鸾殿亲自训政，直接处理日常政务，成为事实上的政治中心。从雍正皇帝开始，紫禁城内皇帝居住及处理政务的中心向西南偏移，大概与西苑、西郊皇家园林与紫禁城同样发挥政治中心的作用不无关系，与方便出入西苑、往返西郊园林不无关系。

乾隆皇帝本来有一次纠偏的机会，虽然他已经做了，但他又不想做到位。康熙皇帝在位61年，乾隆皇帝说他不敢上同祖皇，到在位60年时就会退休。为此，他早早就做了准备，在后三宫的东面修建了退位后享用的太上皇宫殿宁寿宫区，包括宁寿宫花园。乾隆皇帝的设想很不错，等他退位后，他的儿子嘉庆皇帝在西边执政，他在东边吃喝玩乐、吟诗写字，也不失为一种太平盛世很为和谐的东西平衡。但等到退位的话兑现之后，已经退了位的乾隆太上皇根本不想放权，也没有放权。太上皇一天也没有享用宁寿宫，他依旧坐在西面养心殿的宝座上，让嘉庆皇帝坐在他身边的小座位上，看着他继续处理政务，一直到他死在养心殿的皇帝岗位上。

被称为西太后的慈禧，又把宫廷治理格局的失衡推向极端。紫禁城内廷中心偏西之后，对后宫的空间布局结构不无影响。东六宫基本无变化，西六宫则不断地进行调整改造，动作最大的是慈禧时代，在慈禧居住40多年的时间里，先后将四座宫殿院落两两打通，西六宫六个院落，变成了四个院落。西六宫的改造，与慈禧的四十和五十寿辰，与慈禧的数度垂帘听政直接相关，慈禧亦因此被称为西太后。

可是，不管内里发生了多大的变动，从高处看起来，从外面看起来，故宫的内廷后宫，依旧是东西两侧密集的黄色屋顶，整齐一致地依附着、维护着高大开阔的后三宫：铺排对称，高低协调，疏密得体。

养心殿里说"养心"

故宫里的养心殿名声显赫,为参观故宫必去之地。虽名气大,但比起前三殿、后三宫来,很不显眼。作为清朝中后期皇宫里最重要的地方,既不在中轴线上,又与东西六宫至少在空间、高度等外表上没有明显的区别,连大门也是普通的宫门,且是坐西向东,不是正南正北。门内影壁为黄琉璃铺底,当中一幅彩色琉璃组成的绿叶荷花、白羽鹭鸶画面,在红墙黄瓦的宫殿间反倒有点儿另类,以至于走到入口处,还心存疑问:养心殿是在这里吗?

养心殿位于内廷中心乾清宫西南角,西六宫的南边,始建于明嘉靖十六年(1537),比皇宫里的主要建筑晚了100多年。康熙年间,这里还是造办处的作坊,制作宫廷用品的地方。康熙皇帝死后,灵柩停放在乾清宫,继位的雍正皇帝住在养心殿守丧治丧。按常规,守丧27日后应居乾清宫,但雍正皇帝说,父皇在乾清宫60余年,我即去居住,心实不忍。雍正皇帝就这样一直住在养心殿了。从雍正到乾隆年间,原造办处各作坊陆续搬出,经过不断的改造、添建,这个地方就成为皇帝们集处理政务、召见大臣、读书休闲、生活起居为一体的一组建筑群了。从那时到末代皇帝溥仪,8位皇帝,将近200年,一直偏安养心殿。

以养心殿为核心的养心殿建筑群，南北63米，东西80米，占地5000平方米。南北三进院。从乾清门西、军机处旁的内右门进西一长街，西侧向东开有一门，叫遵义门，便是养心殿区的入口。进遵义门，为第一进院。院子南面大连房一排，乾隆年间设为御膳房，有厨子70人，专供帝后及嫔妃们的日常膳食。院子西面小连房三座共30间，成"凹"形，房高不过院墙，进深仅不到4米，为太监、侍卫及值班官员的值房，乾隆年间添建。院子北面正中南向，为养心门，琉璃装饰，门前鎏金狮子一对，相互辉映，光彩亮丽。

进养心门为第二进院，正殿即是养心殿。养心殿"工"字形结构，不到500平方米的建筑面积，分割为若干个功能性空间。前殿处理政务，后殿为寝殿。前殿正中天花设浑金蟠龙藻井，下设地平宝座，宝座上方悬挂雍正皇帝书写"中正仁和"匾，左右两侧为东西暖阁。东西暖阁又分别隔为数室。西暖阁有批阅奏折、召见大臣的密室，雍正皇帝题匾"勤政亲贤"，题联"惟以一人治天下，岂为天下奉一人"，此联若各去掉前两个字，倒是更扼要切近。还有专供皇帝礼佛、休息的小小的佛堂、梅坞。西南靠窗户的一间小屋子，原名"温室"，为皇帝读书处，大约是取有太阳照着、读起书来暖洋洋的意思，乾隆皇帝把王羲之的《快雪时晴帖》、王献之的《中秋帖》、王珣的《伯远帖》藏于此室，改室名为"三希堂"。

与西暖阁对称的东暖阁，分为前后室。前室靠窗为通炕，原有匾曰"明窗"，与西暖阁的"温室"相对。始于雍正皇帝的每年元旦的开笔仪式，在这里举行。每当元旦子时，皇帝提起"万年青"毛笔,先朱后墨,各书吉祥语若干,以祈一年之福。靠东墙,背东面西,设一前一后两个宝座,宝座中间用黄纱帘隔开,为晚清同治、光绪年间慈安、慈禧两太后垂帘听政的地方,现保留慈禧垂帘听政原状。东暖阁后室,分为两间,为皇帝在养心殿斋戒时的寝室,原有匾曰"随安室""寄所托",倒是颇有意味,到晚清却改成"福寿仁恩""寿寓春晖"的俗词了。

乾隆皇帝在养心殿的时间最长,他对养心殿的改造、添建及对室内陈设的改动也最大。养心殿里的文化休闲空间三希堂、仙楼佛堂、无倦斋、长春书屋、梅坞等,都是乾隆皇帝按照自己的意愿谋划设计改造创建的。欣赏历代艺术品有三希堂,读书有长春书屋、无倦斋,礼佛念经有仙楼佛堂,一个人静静地看窗外的风景有梅坞。梅坞是乾隆三十九年(1774)在养心殿西侧接建的很小的西耳殿,向南向西开窗,冰裂纹、梅花枝状的造型别具一格。不过,从这样的窗口看看淅沥的雨、纷飞的雪尚可,要看四时的风光,则不大可能,窗外空间的狭窄,使目光短浅到几乎看不见一片天空。

用于政务空间的主体部分,前殿正中明间与东西暖阁的陈设,乾隆皇帝也做了调整,重新布置了几代皇帝治国理政的感悟与训诫。把皇祖康熙皇帝和皇考雍正皇帝的圣训陈设于东暖阁,把自己撰写的《养心殿铭》陈设于正中明间,把他精心"集经书成句"的《养心殿四箴》(《敬天箴》《法祖箴》《勤政箴》《亲贤箴》)陈设于西暖阁。或撰或集,自然是一些治者自己或文人帮着总结出来的治国理政和修养身心的至理名言。类似的意思,也反复地表达在装点于各个不同功能空间的匾联中。除了文字较多些的诗、铭，各位皇主留下的匾联多达上百条。不管能不能做得到或效果如何，这些悬挂在墙面上的政治理想，都表述得非常清楚："永保家国之基业"（康熙皇帝），"绵宗社万年之庆"（雍正皇帝），"大清国亿万年无疆""欲至于万年"（乾隆皇帝）。

也许正是被如此目标捆绑得越来越死，中国帝制末期的皇帝们在宫中活动的空间也收缩得越来越紧凑，由中轴线上大开大合的太和门、乾清门、乾清宫的听政行政，逐渐收缩到以狭窄的养心殿为中心；由前三殿、后三宫的前朝后寝大格局，改变为养心殿一处房子里的前殿后寝缩小版。

紫禁城本来就深河高墙层层包裹，比起前三殿、后三宫来，养心殿又多包裹了两层（围墙、围房），封闭得越发密不透风了。乾隆皇帝在位的60年间，正是法国大革命、英国工业革命、美国独立战争与建国的时代，对于人类文明历史上这些翻天覆地的大变革，对于西学，对于西方的新科技，乾隆皇帝看不见，也不愿意看见，即便有人送上门来，乾隆皇帝看见了也不相信或装作没看见。历史曾经给过他一次机会。1793年，乾隆皇帝接见了英国国王乔治三世派遣的使臣马戛尔尼勋爵。当时世界上最富强的东、西两个帝国本来有可能由此开始正式对话，可是，这位坐了58年太平盛世皇位、早该睁开眼睛看世界的老皇帝一直紧闭双眼，毫不犹豫地断绝了同已经和正在发生大变革的新世界交流、合作的任何可能。若干年后，英国送给清朝的就不再是精选的高科技礼物，而是炮舰轰打下的不平等条约。又若干年后，英法联军攻入圆明园的时候，惊讶地发现当年英国国王送给乾隆皇帝的高科技仪器和高性能的枪炮武器，竟然原封不动地躺在圆明园的库房里。

乾隆皇帝越到晚年，越是尽心尽意地经营并陶醉在一手打造的安乐窝里，即便很有价值的追求，也局限于从古老的典籍里寻章摘句，闭着眼睛养心养性，或书写装裱，装点门面。清朝后期的皇帝们，主要在乾隆皇帝的安排带领下，就这样紧缩在层层封锁的大紫禁城中小小的养心殿里，用心打理，自得其乐，继续做着天朝上国唯我独尊、唯我独大、唯我独强的"大清国亿万年无疆"的美梦。

不过，不管怎么说，对于从雍正皇帝开始的皇帝们来说，养心殿真的是越来越方便、越来越舒适了。酷热的夏天，东暖阁、西暖阁分别装有拉绳风扇，伺候的太监在室外用力转动，室内则微风拂面。吃饭，睡觉，处理国事家事，召见臣属，读书写字，欣赏书画花草，品鉴古玩，礼佛念经，独处，幽思冥想，各有专属空间。前后院落，四面围合，四围封闭，一殿多用，一切皆可足不出户，就地解决。

吃饭睡觉尤其方便。膳房在正殿之前，卧室在正殿之后。清朝的皇帝每天吃两顿饭，早7点、下午2点，或早9点、下午4点，具体时间听皇帝的"传膳"口令。除吃饭外，每餐各有一件重要的事要由皇帝决定。早餐结束时，太监端上放着等待接见的大臣名签的盘子，皇帝指定召见谁或不见谁。晚餐结束时，太监端上放着嫔妃名签牌子的盘子，皇帝指定晚上哪位来"侍寝"。

从正殿后的穿堂到后殿睡觉的地方，也就十几步的距离。后殿5间，东西稍间为寝室，各设床帐，皇帝想睡哪边睡哪边。后殿两侧各有耳房5间，东为体顺堂，皇后住处；西为燕禧堂，贵妃居住。两宫皇太后垂帘听政时，东为慈安太后、西为慈禧太后处理政务与临时休息之处。两耳房向南延伸有东西向围房各十余间，房屋小，陈设简单，供侍寝的嫔妃们临时使用。妃嫔们在东西六宫本各有住所，但一旦被皇帝翻了牌签，侍寝时还是就近更为方便。皇帝的卧室，悬挂着"又日新""天行健""自强不息"的匾额，妃嫔们的围房挂的是"祥衍宜男""定生贵子"。但理想是一回事，现实是另一回事。越到后期，清朝的皇帝们子嗣越少。

三希堂前说"三希"

养心殿的名声,多半在于乾隆皇帝的"三希堂"。

历史就是这么怪异,当事人觉得非常重要的事情往往为后人淡忘,而当事人茶余饭后的个人爱好兴趣,往往为后人津津乐道。乾隆皇帝一手创造的"三希堂"现象就是一个典型。不过,对于养心殿来说,更加值得品味的,是真正属于养心殿的"三希"。

养心殿"三希"第一希:三希堂主乾隆皇帝之希。乾隆皇帝之希,首先希在痴迷古帖。乾隆皇帝命名的"三希堂",实际上只是一间仅8平方米的屋子,称作堂,真有些名不符实、夸大其词。更为夸张的是,在这样狭小的屋子里,居然陈列了128件各样珍稀品。且不管乾隆皇帝的空间审美情趣如何,挂在"三希堂"匾两侧的"怀抱观古今,深心托豪素",倒真是乾隆皇帝的心声,并以"三希"做堂名,足见其的确对被称作"书圣"的王羲之家三件法帖痴迷有加。可是,喜欢书法的皇帝也不止乾隆皇帝一个,他的祖父康熙皇帝、父亲雍正皇帝也都喜欢,且写的字都比他好。王羲之的《快雪时晴帖》,就是下边的官员听说康熙皇帝爱写字,主动将自家的"传家宝"进献给皇帝的。康熙皇帝、雍正皇帝肯定也摹习过不止一次两次,但绝对没像乾隆皇帝那样,特别把这些法帖放在自己身旁，抽空就拿出来揣摩品味临摹，兴之所至，忍不住就要写些心得体会，居然在仅仅28个字的法帖前后，留下73处题跋，还在王羲之的字上盖满了乾隆皇帝红色的印章——典型的乾隆式"审美"。这样对待自己珍爱的古代文物，可谓前无古人，后无来者。有人大骂乾隆皇帝糟蹋文物，破坏文化遗产，乾隆皇帝压根儿没这意识。他根本不是为国家、为公众收藏文物，为历史保存原状，而完全是一己爱好，最多是他们家"子子孙孙永保用"，所以在乾隆皇帝眼里，这是我自己的东西、我家的东西，我这么爱它，我爱我就把玩，我爱我就写、就盖而已！也有人说，乾隆皇帝乱写乱盖也不完全是一件坏事，因为不管在一件什么东西上，只要留下皇帝的字，盖上皇帝的印，足可证明其真，说明其珍贵，古往今来，只要沾上点儿皇帝气，便大增值、大涨价。其实根本用不着这么编排，说句实在话，乾隆皇帝如此痴迷，其心可鉴，其情可明，可就是书法不肯长进，只要看看他写在《快雪时晴帖》前面的"神乎技矣"四个大字，就一目了然。或许，按照乾隆皇帝的审美趣味，说不定他还得意于自己的字与王羲之的字还是很般配的呢。

乾隆皇帝之希，其次希在痴迷宝座。雍正皇帝说，父皇在乾清宫60余年，我不忍再住，便住到了养心殿。乾隆皇帝说，皇爷爷在位61年，我可不敢超过，到在位60年时一定退下来，并且早早做了准备，在皇宫的东部为自己建造了退休后享用的宁寿宫及花园。乾隆皇帝对自己的身体还真是自信满满，实际上也确实不错。25岁入主养心殿，不知不觉就过去了60年。说过的话必须兑现，85岁一到，乾隆正式公开宣布退居二线做太上皇。可是，真到了要离开住了60年的养心殿，告别坐了60年的养心殿宝座的时候，忽然改主意了。他决定以太上皇身份，继续住在养心殿，并仍在养心殿日勤训政。嘉庆四年（1799）正月初二，89岁的太上皇"圣躬不豫"，嘉庆皇帝赶来守在父皇身边，看着太上皇正月初三死在养心殿。乾隆皇帝终于创造了在养心殿的宝座上坐了将近64年的超长纪录。

养心殿"三希"第二希：皇太后连续两朝垂帘听政，数度训政临朝。太后、后妃听政干政历史上并不鲜见，因此坏了皇家大事的不在少数，帝王们也心知肚明，但就是无法控制。明白一些的还立下规矩，清朝第一个入主紫禁城的顺治皇帝，特意在交泰殿竖起铁牌，上书"内宫不许干预政事"。可是，许多事情，越是禁止，越是禁止不了。到清末，养心殿的垂帘听政、干政、坏政发展到极端。咸丰十一年（1861）十一月初一，6岁的同治皇帝坐在养心殿东暖阁前面的宝座上；宝座后面，隔黄纱屏风；黄纱屏风后，25岁的慈安皇太后和27岁的慈禧皇太后并坐在另一宝座上。一个小儿，两个年轻寡妇，就这么召见王公大臣，决定军国大事。慈安皇太后虽与慈禧皇太后同时听政，但慈安皇太后身体欠佳，为人平和，且不是皇帝的亲生母亲，实际上是同治皇帝亲生母亲慈禧皇太后独揽朝政，直到同治皇帝18岁亲政。亲政誓言"恪遵慈训，敬天法祖，勤政爱民"中，第一条即是无条件遵循圣母皇太后懿旨。亲政不到两年，同治皇帝亡。同治皇帝无子，慈禧选择了与同治皇帝同辈且年纪很小的载湉（慈禧胞妹之子），以咸丰之子名义继位，如此则可继续垂帘听政。

于是，4岁的光绪皇帝即位，两太后第二次垂帘听政。光绪七年（1881），慈安皇太后突然无疾而亡，自此，慈禧皇太后一人垂帘听政。光绪十三年（1887），光绪亲政，慈禧训政。十五年（1889），光绪皇帝大婚，慈禧选定她的内侄女为皇后，一手导演，在紫禁城异常隆重地上演了一场"侄女嫁外甥"的活剧。光绪二十四年（1898），戊戌变法遭慈禧镇压，光绪皇帝被彻底边缘化，慈禧也就用不着"垂帘"听政训政，干脆直接执政了。光绪三十四年（1908），38岁的光绪皇帝突然死去的第二天，慈禧亦死，终年73岁。光绪皇帝亦无子，慈禧临死前安排了她的养女所生的3岁的溥仪继位。慈禧太后两次垂帘听政，数度训政临朝，前后共主宰养心殿、掌握朝政47年之久。慈禧文化程度很低，虽然用心学习到能够批阅奏章，但也多有文理不通和错别字。可是在一门心思、千方百计排斥异姓及宗室贵族，死守皇族权力、地位、利益方面极有心计与手段。在世界政治大步走向民主化的大潮中，慈禧将家国一体的圈子越收越紧，使大清帝国的皇权日益高度集中，终于一手把中国帝制拉往了死灭之地。

养心殿"三希"第三希：末代皇帝两次登基，两次颁布退位诏书。光绪三十四年，3岁的末代皇帝溥仪登基。宣统三年八月十九日（1911年10月10日），辛亥革命爆发于武昌，宣告废除宣统年号，全国各地纷纷响应，宣布独立，清政府迅速瓦解。十一月十三日（1912年1月1日），孙中山在南京就任中华民国临时大总统，宣告中华民国成立。十二月二十五日（1912年2月12日），隆裕皇太后在养心殿主持最后一次御前会议，以6岁的宣统帝奉隆裕皇太后懿旨之名，颁布宣统皇帝退位诏书。退位诏书的主要内容是："今全国人民心里，多倾向共和。南中各省，既倡议于前，北方诸将，亦主张于后，人心所向，天命可知。予亦何忍因一姓之尊荣，拂兆民之好恶。是用外观大势，内审舆情，特率皇帝将统治权公诸全国，定为共和立宪国体。近慰海内厌乱望治之心，远协古圣天下为公之义。"慈禧专权时倒行逆施，核心正在于绝不肯放弃"一姓之尊荣"。隆裕太后在爱新觉罗家统治天下的养心殿做出如此决定，自是综合各方势力后既无奈又明智的选择，尤其于避免战乱、避免生灵涂炭有大益处。诏文结尾道："予与皇帝得以退处宽闲，优游岁月，长受国民之优礼，亲见郅治之告成，岂不懿欤！"两千多年帝制的终结，竟然被一纸诏文，表达得如此洒脱！能够承担书写特大历史事件的起草者，真有神来之笔！

隆裕太后为退位的"小皇帝"争取到"尊号仍存不废"及"暂居宫禁"的待遇。虽对外无任何权力，但可以继续住在养心殿，继续当着"小朝廷"里的"小皇帝"，致使复辟帝制势力有机可乘。1917年7月1日，辫子军统帅张勋率众进到故宫养心殿，拥戴溥仪复辟，恢复清朝帝制。尽管溥仪在故宫里确实过着任性的"优游岁月"，但已经懂些事理的空架子皇帝经不起真皇帝的诱惑，也躲不过张勋的控制，于是溥仪二次登基，接受朝拜，连发"上谕"。结果没过几天，闹剧结束，溥仪不得不第二次发布退位诏书。同在养心殿里，隆裕太后替溥仪颁布退位诏书时，隆裕大哭，6岁的溥仪无知无觉，莫名惊诧；第二次由他自己发布退位诏书时，11岁的溥仪放声大哭。是人之常情，还是专制帝国之常情？

宫门口的生育要求

皇帝的女人们居住的东西六宫极为规整。以乾清宫、交泰殿、坤宁宫为中线,占地各为1.5万平方米的东六宫、西六宫严格对称。在各自的区域内,同样严格对称。东西两两一排,南北列为三排,中间一条直道南北贯通。东六宫中间的直道叫东长街,西六宫中间的直道叫西长街。东、西长街南北两端共设四座门,进门则可通往各宫。有意思的是四座门的名称:东长街南门名麟趾门,北门名千婴门;西长街南门名螽斯门,北门名百子门。麟趾、螽斯,虽象征而寓意鲜明;千婴、百子,虽夸张而要求具体。不仅任务明确,还要永久地悬挂于必经之处,进出东西六宫的皇帝和嫔妃们,进门出门,低头抬头,随时随地被提醒要完成明确的任务。为着高质量完成养育皇帝后代的任务,妃嫔们受到很高的品行要求,乾隆皇帝亲笔题写了"令德淑仪""仪昭淑慎""赞德宫闱""敬修内则""茂修内治"之类的匾额,悬挂在皇帝的女人们居住的宫院里。如此郑重其事、冠冕堂皇、理直气壮地挑拣"优秀"女子,统一集中在"三宫六院",为皇帝生儿育女,实在是皇权制度、皇权文化的一大奇观。

据《宫女谈往录》记,有一年大年初一丰盛的晚宴过后,光绪皇帝领着隆裕皇后及瑾妃、珍妃进储秀宫拜见慈禧太后，磕头后，慈禧太后问光绪皇帝从哪边过来。光绪皇帝住在养心殿，慈禧是明知故问。皇帝说由养心殿来。慈禧问经没经过螽斯门，光绪回答说经过了。慈禧问，知道螽斯门的来历吗？光绪说听说过，知道得不清楚。慈禧开始长篇大论地敲打他，大意是：

> 我也是听先皇帝（指咸丰）的口谕，教诲我这个螽斯门的典故。说螽斯门原来是明朝的旧名，老祖先进关以后，扫除旧宫殿名时，看到螽斯门，说这个名还好，留着它，让咱们子孙后代好繁盛，所以就留了下来。先皇帝还念了两句诗，我就记住什么宜尔子孙，说雄的大蚱蜢名螽斯，一振动着翅膀鸣叫起来，好多的雌蚱蜢就来了，每个都给它生下99个孩子。这是多么兴旺的家族啊！先皇帝就是盼望我们家族兴旺。

光绪和隆裕皇后、瑾妃、珍妃垂手站立，毕恭毕敬地听着。太后说完看看光绪，也看看隆裕，脸上已经没有先前的笑容了。

说来也奇怪，皇帝们生育孩子的数量，竟然与他们当皇帝的能力成正比。康熙皇帝35个儿子、20个女儿，乾隆皇帝17个儿子、10个女儿，到了最后几位皇帝，连一个儿子也没有。不过对于家天下的皇权制度来说，没有有没有的害，多有多的害，甚至子嗣越多为害越大。在栽培皇族势力、保护皇族利益集团方面，明与清虽做法有不同，但不管是明朝的皇子们封王外放，还是清朝的皇子们封王留京，建殿造府，占地置田，掠夺优质资源资产，坐享特权、保护特权、发展特权，亦即坐享皇权、保护皇权、发展皇权的本质都是一样的；与自家、与地方、与百姓争权夺利，走向败落和衰亡的结果都是一样的。朱元璋的24个儿子各封要害之地为王，封地俸禄，皆享"下天子一等"的特权。朱家的子子孙孙越繁衍越多，到晚明之时，大明版图上竟然累积到数千个朱家王爷，他们大多比着法儿地坐享奢华，不但对国家不做贡献，反倒加速了朱家王朝的国破家亡。明末各地起义，杀灭的首先是朱家王朝的子孙，朱家王爷们几百年巧取豪夺的滚滚财富，成为义军的主要经济支撑。清朝的皇帝把儿子们留在京城封王，到清末，京城仅王府就多达80余座，城内王府、八旗切割，京郊王爷庄田、王爷坟遍地，几乎把一座京城整个儿弄成皇家特权阶层坐吃山空的奢靡之城。现在想想，明清两朝各几百年，也不只明清，几乎所有皇权体制喂养而成的庞大的皇族利益集团，真的像铺天盖地的蝗虫一样，连续不断地疯狂掠食，积聚起累累财富，而被剥夺的老百姓一方，则饥民遍野，最终的结果是，极限一到，天崩地裂。

吃的"仪式"

皇宫里如何吃饭，可不是小事。不只是吃饭的人多，核心问题是帝后们吃什么；比吃什么更重要的是帝后们怎么吃。

以慈禧太后为例。清宫里每日正餐两次，上午10点半前后一次，下午4点前后一次。加餐另计。慈禧太后每天加有早点。吃饭地点，早点在住处储秀宫。早点不算正餐，但花样已经够多：人奶、牛奶茶、红稻米粥、香糯米粥、薏仁米粥、八珍茶、鸡丝粥、杏仁茶、牛骨髓茶汤、麻酱饼、油酥、白马蹄、萝卜丝饼、素什锦、卤鸭肝、卤鸡脯等，总计二十几样。

两次正餐在储秀宫与翊坤宫之间的体和殿。体和殿是慈禧太后的专用餐厅。与北面的储秀宫、南面的翊坤宫一样，体和殿面阔5间。中间1间为穿堂，贯通前后院。东两间连通，摆两张餐桌，是慈禧太后固定的吃饭处。每遇节庆，穿堂加摆一张桌子，平日的传膳改称为供膳，三张桌子供奉天、地、人三才。最东头，天一桌，供天；穿堂，地一桌，供地；中间，人一桌，供慈禧。

伺候帝后吃饭，有三条规矩，帝后也得遵守。一是根本不存在点菜一说；二是任何一样菜品不管多么喜欢，不得取第三匙，因为再取一次，就暴露了爱吃什么；三是备菜、配菜、掌勺、上菜,每道工序都有现场监管检查记录,责任分明。另外,盛菜的碗碟都是银制的,说是菜里一旦有毒,银制品就会变黑。所有这些,只有一个目标,预防有人下毒,确保食品安全。

紫禁城里的膳食制作供应总部叫御膳房,位于箭亭广场东南侧,距养心殿、体和殿五六百米,做饭的和吃饭的距离有点儿远。饭菜做好后,主管的官员们逐一点交给专门负责的太监,太监用黄云龙缎面包袱包好,挨次传递,一直传到餐桌前,当着吃饭人的面打开。这大概是上上下下把帝后的开饭吃饭叫作传膳的原因吧。

开饭令必须出自帝后口谕,一声"传膳",所有服务人等一起行动。慈禧每餐120多样菜品,外带时鲜。一样样排列整齐后,慈禧在膳桌前坐定,身后四个体面太监垂手恭立,另有一个经验丰富的老太监侍立一旁,专为太后布菜。慈禧眼睛看哪一个菜,老太监就把这个菜挪到太后面前,用专门餐具夹舀到慈禧的碟子里。

一个人餐餐120多道菜,到底是为了吃还是为了看?估计慈禧太后每餐能看一眼的也没多少样。到底是吃饭还是吃排场、吃"仪式"?

还有更为排场更为夸张的——慈禧的贴身宫女叙说得很精彩:就拿大年初一的晚膳来说吧,那种排场可大了,真是天字第一号的筵席。一开始,四个老太监恭恭敬敬地进来请跪安,然后四角站好。这四个叫四金刚。这天是伺候过先皇帝的人来伺候老太后,表示一派正统相承。李莲英贴宫门口站着,指挥人往三个桌子献菜,丝毫不能错乱。宫门口外上菜的太监,按照品级排列好,不算李莲英,由宫门口外的门槛算起,到御膳房的门槛止,不多不少整整500个。这500个太监都是精选出来的,年老的不要,年幼的不要。一过腊八就开始训练,每天练习的时候,用白布托着粗碗,有时用砖头代替,练一次要用两匹白布。这一天,500名太监一律穿崭新的宁绸袍,粉白底靴子,新剃的头,透着精气神儿。院子里灯火通明,太监们面前每隔五步一盏灯笼,像一条火龙一样,直通到御膳房。这就叫四金刚五百罗汉伺候西太后老佛爷欢宴瑶池。传膳开始,太后端端正正在膳桌前坐定,门外500名太监齐声高呼"老佛爷万寿无疆!"声调清脆,由近到远,传到养心殿,传到御膳房。万字头的鞭炮燃放起来,与太监们抽响的各样鞭声响成一片,整个进膳期间不许停歇。

这类做法吃法,当然不是始自慈禧太后。乾隆皇帝就在宫里摆过数千人的盛大筵席。乾隆皇帝又是一个表现得极为孝顺的皇帝,他还仿效康熙皇帝六下江南,但实际上完全变了味道。康熙南巡,主要是为国为民治河,乾隆南巡,他自己说得清楚,主要是带着母亲游赏江南名胜。六次南巡,水旱两路,每次往返五六千里,船千艘,马万匹,仅乾隆皇帝的御舟,纤夫即多达3600人。每到一地,地方官员整修道路,迎驾护卫。除一次耗时84天外,其余五次均在110天以上。兴师动众,耗费之巨,无可计数,堪称世上最浩浩荡荡最奢华无比的公款豪华旅游。单是一路上如何陪着母亲皇太后吃饭,今人恐怕就难以想象。有据可查,为了保障大队伍中核心团队的新鲜奶品供应,200头奶牛一路随行。

储秀宫前面的体和殿,是慈禧太后的餐厅;储秀宫后面的丽景轩，是末代皇帝溥仪的餐厅，也是中国的皇帝用最后的早餐的地方。

现在的丽景轩餐厅保留原状，摆设的是西餐餐具。在宫里的最后几年，溥仪特别爱吃西餐，这或与来自英国的英语老师有关。为了溥仪的西餐，御膳房特别聘用过四个西餐厨师。溥仪被驱逐出宫之后，参与"清室善后委员会"清点故宫各处宫殿物品状况的俞平伯，在《杂记"储秀宫"》一文中对丽景轩做了这样的记载："轩为储秀宫之后照房，为西式食堂，布置纯系西洋式。五间相通，不加楠栅。朝南正中不置宝座，乃置嵌镜之衣帽架一，以外洞然。东屋临窗设纯玻璃制半桌一，靠椅二。桌上置电话，更有菜单一张。"从丽景轩的布置看，溥仪的餐厅已经西化了。可是有意思的是，俞平伯看见并抄下来收入文章发表了的菜单，却是中式早膳单。很有可能是早上吃中餐，西餐多在中午和晚上吃。

既然明显地西化了，吃起来应该简明扼要以实用为特点吧？应该不会像慈禧太后那样讲究排场地吃"仪式"吧？何况早已是被废掉的皇帝了。可事实并非如此。看看俞平伯记录的菜单：

清汤银耳，驴肉熬冬瓜，炒三冬，鸭条烩海参，葛仁烩豆腐，红烧鱼翅，炮羊肉，烩酸菜粉，锅烧茄子，红烧桂鱼，炒黄瓜酱，干炸肉，大豆芽炒谷达英，黄焖鸡，摊鸭子，热汤面，木樨汤，酱肘子，熏肝，猪肉馒首，烙饼，饿面馒首，包金卷，紫米膳，白米膳，小米膳，甜油炸果，咸油炸果，粳米江豆粥，小米粥，香稻米粥。（《杂拌儿》，俞平伯著）

与慈禧比,溥仪虽为逊帝,但早餐并不比慈禧的差。这张留在餐厅里的菜单,应该是溥仪最后的早餐记录。吃过早饭,九十点钟,还要吃点儿水果之类。溥仪在《我的前半生》里记下最后的早餐之后发生的事:

> 那天上午,大约是九点钟,我正在储秀宫和婉容吃着水果闲聊天,内务府大臣们突然跟跄地跑了来。为首的绍英手里拿着一件公文,气喘吁吁地说:"皇上,皇上……冯玉祥派了军队来了!还有李鸿藻的后人李石曾,说民国要废止优待条件,拿来这个叫,叫签字……"我一下子跳了起来,刚咬了一口的苹果滚到地上去了。

半年之后,清点储秀宫文物的俞平伯,也看到了这个被末代皇帝咬了一口的早已萎缩了的苹果。

宫廷"时髦秀"

在循规蹈矩甚至死气沉沉的宫廷生活中,有两个人显得格外时髦。一个是珍妃,另一个是慈禧太后。带头时髦的珍妃被慈禧太后极其残忍地害死之后,接着时髦的慈禧越发时髦起来。

慈禧的外甥光绪皇帝长大后要"维新",他的妃子珍妃也一点儿不是低眉顺眼唯命是从的样子,什么新鲜新奇就追什么,居然在宫里穿男装,还迷上了照相机,弄了整套的照相器材,在宫里到处乱拍,不光玩,还敢在皇宫东华门外开了照相馆。

照相机传入中国,传入皇宫,被排外守旧的人称为西洋淫巧奇技之物,照相被说成可摄人魂魄,能伤神损寿,可珍妃却偏偏拿着这么个玩意儿不仅自己照,还拉着光绪皇帝照,慈禧完全有理由制裁珍妃。可是,没过多久,慈禧居然成了皇宫里最爱出镜、最爱摆拍的照相迷。浓妆艳抹,换装更饰,搔首弄姿,室内室外,宫里宫外,坐轿乘船,花丛雪地,独照合照,大照特照,还有装扮成观音菩萨照,不少照片上写有"大清国当今圣母皇太后万岁万岁万万岁",高兴之余,就拿出大照片作为礼物送人。

珍妃曾经把光绪皇帝赏给她的上千颗珍珠很有创意地做

成珍珠披肩，慈禧认为是大逆不道，痛加斥责；后来，自己的肩头，披上了三千五百颗鸟卵大小的珍珠做成的披肩。

慈禧一方面极尽能事地享受和占有中国帝王所能达到的仪式排场和物质奢华；另一方面，在物质占有上，并不总是端着天朝上国的姿态对外来品不屑一顾，一旦发现自己喜欢的，可以为我所用的，尤其是可以装潢门面的，立即放下身段，拿来就用。

从总体上考察，中西文化交流中，西方文化所具有的人文启蒙、社会变革、新型国家形态、国家体制等事关国计民生的文化内核，始终无法进入皇权帝制统治者治国理政的视野之中，即便进入，也昙花一现。科学技术的传播也难以在提高社会生产力及军事实力方面发挥实质性的作用。这主要是由于皇帝及皇帝身边的核心官员们，始终认为自己的国家是天下的中心、天下第一，根本用不着看其他国家怎么想、怎么做、发生了什么变化。由这种心态形成的封闭格局，到清朝越来越严重，而外部世界却发生着迅猛的变化。宫廷高层对待外来的新鲜事物、新奇器物，由称之为奇技淫巧的排斥，到好奇、猎奇，最后终于走到利用特权自己享用的邪路上了。

一手把延绵几千年的皇权帝制送上死路的慈禧太后，一方面变本加厉地集权、专权，镇压维新变法，另一方面又迷恋于"西用"，如对照相的热衷；主动地请外国画家为自己画油画像，并隆重地送到美国博览会展出；乘坐机器发动的快艇游颐和园；把三架钢琴摆放在颐和园的住处；欣赏由欧洲人指挥的来自欧洲的铜管乐器、弦乐器演奏外国乐曲；让欧洲马戏团入颐和园表演；乘坐新交通工具小火车、日本洋车、外国小汽车……本来可以寄予大希望的文化科技交流盛事，就这样轻易地变异、消解在帝王的奢华享受之中，而对国家，对民生，则没有起到有益的作用。

在慈禧太后眼里，一己之利、一家之利大于一切，高于一切。这样的人居然可以执掌朝政近50年。多少人只能眼睁睁地看着她将数千年的帝国，一步一步地推入绝望的死地而无可奈何。今日看来，慈禧专权的这个时期，正是英国的维多利亚女王时代，日本的明治维新时代。多少有些仰慕维多利亚女王的慈禧，却于1860年、1900年先后两次饱受了维多利亚女王派出的军队的劫掠之痛，不得不东躲西逃。明治维新之后的日本对清帝国的沉重打击，更让所有国人痛心疾首。夹在西东之间的大清帝国的无奈处境及其原因，真让人感叹不已、寻思不尽。

长春宫里"红楼梦"

慈禧太后居住时间最长的是储秀宫,其次是长春宫。储秀宫里故事多,长春宫里故事也多。

长春宫的名字,是紫禁城初建时的原名。或许这个名字很适合做后宫名,到清朝一直沿用。明朝天启年间(1621—1627),李成妃饱受天启皇帝乳母客氏与宦官魏忠贤的残忍迫害之事,就发生在这里。长春宫又是乾隆皇帝终生敬重的、被誉为"德洽六宫"(乾隆皇帝题匾)的孝贤皇后居住的宫室。孝贤皇后去世,灵柩亦停放于此,据记载,乾隆皇帝为孝贤皇后穿丧服12天,还写了一篇悲情满满的《述悲赋》。同治初年,慈禧与慈安垂帘听政时同住长春宫。同治十年(1871),慈安迁出,慈禧独住。光绪十年(1884),慈禧五十大寿时离开长春宫,迁回早年居住的储秀宫。溥仪时期,隆裕皇后为皇太后,住长春宫。年幼的溥仪帝跟随隆裕太后住在长春宫西配殿。长春宫的最后主人,是逊帝溥仪的淑妃文绣。

不知何因,咸丰皇帝对长春宫情有独钟。咸丰九年(1859),慈禧生了皇太子的第三年,拆除了长春宫宫门长春门,将长春宫前面太极殿的后殿改为穿堂殿,咸丰皇帝题额"体元殿",两宫由此连通,这是第一次将独立的两宫两院合并为两宫一院的重大改建。咸丰十年（1860）春节刚过，咸丰皇帝特地在改建后的长春宫，宴请十几位亲王重臣。长春宫的宫名、匾额也是咸丰皇帝题写的，东西六宫中，只有长春宫留下了咸丰皇帝的笔迹。这些，也许是慈禧、慈安垂帘听政时选择住在长春宫的原因。同治期间，长春宫再次重修，添建了两侧游廊。光绪十年，长春宫正殿对面、体元殿后面，建起了一座戏台。长春宫院落，最终形成现在我们能够看到的格局：正殿面阔5间，前出廊；东配殿为绥寿殿，西配殿为承禧殿，各3间，前亦出廊；与四角的转角廊相连，整座院子游廊环绕，连通各殿。坐在游廊里，坐在正殿的屋子里，就可以很舒坦地看戏了。

戏台、游廊已够特别，更为新鲜的是，四角转角游廊内墙壁上连绘18幅《红楼梦》题材大幅壁画。壁画与墙齐高，宽度各异。画幅内容为大观园景象人物。据红学家们辨考，"贾母游园""梦游太虚""金兰黛钗""潇湘幽情""宝钗扑蝶""湘云醉酒""晴雯撕扇"尽在其中。《红楼梦》题材的最大一组壁画，竟然出现在紫禁城里，这实在是一件奇异之事。当初的创意，即使不是出自慈禧，也肯定博得了慈禧的欢心和奖赏。有论者说，这主意出自不安分的珍妃，珍妃联名她的姐姐瑾妃向慈禧提出，因为她们知道，慈禧是个《红楼梦》迷，肯定会很高兴的。不管是附会风雅还是真心喜欢，不管真看假看、真懂假懂，说起《红楼梦》，慈禧至少可以自比贾母，且自觉比贾母的气象大得多。贾母居高临下的不过是一个府，慈禧太后颐指气使的可是一个皇宫啊！

不管原创者是谁，结果是这一创意真的实现了。至于是让谁绘制的，不得而知。如意馆里有的是画师，《红楼梦》有的是图绘参考，画师们各显神通，将游廊的长廊、廊柱、栏杆、门窗，甚至屋檐及内饰等建筑实体，融入大观园的虚拟空间中；又将大观园的虚拟空间融入长春宫的实体建筑与景观之中。每逢节庆，或慈禧生日时，戏台演戏，游廊看画。是戏是画？是戏入画还是画入戏？是从长春宫走进了大观园，还是从大观园来到了长春宫？置身其间的人们，刹那间便成为画中画。借实景入虚景，借虚景入实景，幻象成真象，真象成幻象，太虚幻境，瑶池西母，大观园的真假，紫禁城的真假，在粉墨登场与姹紫嫣红的亭台游廊殿宇中难分难解了。真的是绝佳的环境、艺术、设计综合型作品。不过，虽有如梦如幻之美，也只是一时梦幻而已。长春宫里的"红楼梦"，实乃慈禧的虚幻之梦，皇宫的虚幻之梦，白茫茫大地真干净的梦醒时分很快就到来了。

"慈宁""寿康"之地

整座紫禁城的西北部分,共有五处地方,分别为慈宁宫花园、慈宁宫、寿康宫、寿安宫、英华殿,统统是太后们的休养之地。只看这些名称,就知道皇帝们个个都是大孝子,都应该能使母后们健康安宁、延年益寿。

慈宁宫、寿康宫、寿安宫居中,是日常居住的宫殿。慈宁宫花园、英华殿一前一后,是观花赏景、礼佛诵经的花园。在这一区域中,作为主体的慈宁宫,建筑规格最高。慈宁宫位于前朝后宫之间的隆宗门外西面,始建于明嘉靖十五年(1536),初为皇贵妃等居住。清朝顺治年间重修之后,开始成为皇太后居住的正宫,太妃、太嫔等随居。乾隆三十四年(1769)大修,将慈宁宫正殿由单檐改建为重檐,后寝殿后移,前面的慈宁门改建为殿宇式大门,门前为东西向长方形广场。广场东出对隆宗门,南为内务府、造办处。每逢皇太后寿辰,慈宁门前广场陈设仪仗,皇帝、皇后分率王公大臣、王妃命妇行朝贺礼。乾隆十六年(1751)十一月二十五日,崇庆皇太后六十寿辰,乾隆皇帝在慈宁宫为母亲举行祝寿礼。乾隆皇帝率诸王大臣向皇太后行三跪九拜礼;皇后率嫔妃、公主、福晋、大臣命妇向皇太后行六肃三跪三拜礼;皇子、皇孙行三跪九拜礼。皇帝带领皇族近亲一同

三 西区、东区故事

彩衣起舞祝贺。到崇庆皇太后七十寿诞，乾隆皇帝也50岁了，庆贺典礼更加隆重。庆寿十天期间，每天早晚乾隆皇帝都要率后妃等人侍宴，乾隆皇帝身着彩衣，捧杯敬酒，起舞助兴。想着已经50岁出头的皇帝，老来娱亲，在母亲膝下，在大庭广众前，且歌且舞，彩衣飘飘，那虔诚天真的姿态，倒是颇为"可爱"的。

慈宁宫花园在慈宁宫斜对面，稍偏西。南北约130米，东西50米，占地6800平方米。建于明朝，也是清乾隆年间大规模增建、改建。园内共有大小建筑11座，集中在北部，南部以临溪亭为中心，以花草树木为主。临溪亭造型别致，堪称紫禁城中一景。四角攒尖的正方形亭子建在长方形水池正中券孔石桥上，蟠龙藻井，花卉天花，四面皆明间开门，东西两面临水，立于亭中可观鱼赏莲。花园北部的楼堂馆斋，以咸若馆为中心，周围的慈荫楼、宝相楼、吉云楼、含清斋、延寿堂，设佛龛，供佛像，置佛塔，藏佛经。吉云楼楼上楼下，四壁屋梁，布满千佛龛，内供五彩描金擦擦佛母像（藏传佛教中用模具制作的小小泥造像）一万余尊，称为万佛楼。

慈宁宫花园里的楼堂大多是藏传佛堂，而最北面的英华殿则是汉佛堂。英华殿区南北两进院，南北80米，东西约60米，占地5000平方米左右，除两座院门外，只有一座英华殿。院子里枣树成林，柏荫匝地，空旷幽静，为礼佛绝佳之处。英华殿建于明朝，其时就是皇宫中的汉佛堂。清乾隆年间重修后，仍作为汉佛堂使用。英华殿前左右两侧，枝叶茂密的菩提树丛铺排了半个院落。据记载，当年为明万历皇帝生母李太后亲手栽植，当初一定是一边栽一棵，百多年后，繁衍成两片小小的树林。每到盛夏，黄花烂漫，有籽粒缀叶背，秋天落地，如豆粒，色棕黄，光滑莹润。年复一年，这籽粒便成了诵经的串珠。因为这籽粒很像菩提籽，乾隆皇帝便称这树为菩提树，写了菩提树诗，在两片菩提林间，建了一座碑亭，把自己的诗句刻在石碑上。

专供太后们休养的这一区域，前面和后面的花园佛堂观景诵经，中间宫殿华屋美食宫女伺候，颐养天年的太后们养尊处优，无所事事，有的是时间拜佛念经，不停地祈愿皇儿们治理家国有方，天下安稳太平。

"内务""造办"贪奢

沿着武英殿前的金水河向东向北拐个小弯，再向东，一座名为断虹桥的汉白玉石桥南北横跨。断虹桥的整体造型，特别是两侧栏板上精致的龙纹、花卉雕刻，莲花头望柱上18个神情各异、憨态可掬的小狮子，在紫禁城所有的石桥、石刻中凸显出独特的风格与魅力。有研究者认为，断虹桥与桥北散落的18棵树龄很有可能超过紫禁城的古槐，是紫禁城的建造者利用了元朝宫廷的遗留。

18棵槐树北面，太和殿正西，在清朝的几百年间，这处紫禁城中唯一一大片灰色屋顶的区域，是专门服务于皇帝、皇族并管理全部宫廷事务的内务府、造办处所在地。早在明初，这里曾建有仁智殿，俗称白虎殿，皇帝死后，灵柩暂停于此。紫禁城肇建者朱棣北征死在榆木川，遗体运回皇宫后，就是在仁智殿入殓的。

清朝内务府成立于顺治年间，康熙时内务府重组，到雍正时，内务府组织机构基本定型，定为正二品衙门。由于内务府衙署设在皇宫里，负责的是皇帝、皇族的衣食住行，直接关系到最高层的生活质量与安全问题，因此内务府的工作人员，一定要出身、品行均信得过、靠得住。总负责人内务府总管，由皇帝直接选派任命。所有工作人员一律从八旗中的镶黄、正黄、正白上三旗"包衣"中挑选,即由皇族嫡系忠心耿耿的"家奴"组成。由于管理的是皇帝自家的事,与最高权力中心的关系太近,皇帝对内务府职责也设定了明确的界线。内务府衙署立有1.5米高的铁牌,铁牌上铸内务府创立者顺治皇帝的上谕:禁止内官犯法、干政、窃权、纳贿、嘱托、交接、越分、擅奏、外事、上言官吏贤否。这样的规矩,一方面隔断了其与国家行政管理部门的关系,另一方面使内务府成为不受监管的"独立王国"。

内务府承担宫廷的全方位服务与管理,责任重,事务繁,机构庞大,内设50多个司、处、院、所、库,40多个作坊。管皇宫事,管皇帝事,管皇亲事,管太监宫女事,总之,凡是保证宫廷正常运转的所有事,都得管,都得办:上至皇帝皇后、下到太监宫女的衣食住行,皇宫里的宫殿房屋、皇宫外的行宫园囿,营建修缮,装修陈设,设计施工,制造仓储,农庄畜牧,山泽采捕,地方贡品,礼仪警卫,等等。内务府不只是管理机构,也是官办、宫办、皇帝办的"企业""产业"。宫企皇企,独此一家,独家垄断。除直接制造宫廷用品,还要制定标准,研发新产品,制作样品,采办督造。

皇帝、皇宫、皇族,本来就是最大且最高端的"公款"消费群体,真正地花银子如流水。以宫里女眷为例,皇太后,除每年金20两、银2000两外,吃穿一项,每年绸缎丝布160匹,貂皮112张;肉食,每日盘肉50斤,猪一头,羊一只,小牲口二只。皇后,每年绸缎布匹158匹,貂皮90张,每日猪肉16斤,羊肉一盘,小牲口二只。皇后以下又有若干层次，最低一级的答应，每年绸缎7匹，每日猪肉12斤。公主、皇子、皇孙、福晋，每年绸缎丝布54匹，每月羊肉15盘，每日猪肉20斤。

诸如此类，皇宫所有消费品的计划、制作、采购，全由内务府大包大揽，范围之广、权力之大，再加上程序上的自定章程、自说自话、自办自事，又可以打着皇帝的旗号说话办事，这样的站位和运作安排，内务府想不成为贪腐之地都不可能。像和珅这样的大贪，身兼多种要职，却总是舍不得放下内务府总管一职，后来又安排给自己的儿子，其因其果，尽在"情理"之中。无怪坊间都传乾隆皇帝吃的一个鸡蛋10两银子，光绪皇帝吃四个鸡蛋34两银子。节俭的道光皇帝想吃粉汤，内务府算下来，一年5万两银子，道光帝说，那就到外边买来吃吧，内务府说，哪儿也找不着，道光皇帝只好不吃了。光绪年间，一个军机大臣听说慈禧太后要置办100只皮箱，内务府开价每只60两白银，便告知在外面购买最多只需6两，慈禧太后不信，限其半月之内代买100只，不料军机大臣寻遍京城，所有皮箱店一律闭店半月。这些说道虽入不了正史，但不见得不是事实，最多夸大而已。从一只母鸡屁股底下到皇帝嘴边的一颗小小鸡蛋，滚过长长的灰色地带，真不知会滚成多大的雪球。京城流传俗语——"树小房新画不古，此人必是内务府"，嘲讽的就是内务府官员人人中饱私囊，个个暴发户，家家的房子都是新盖的，院子里大树移不来，只好栽小树，挂的字画是新写新画附庸风雅的，这些没多少文化的新贵，都是靠内务府发财的土豪金。

一面是内务府各级大小官员的敛财，另一面是干活儿的"包衣"们的劳苦。乾隆四十五年（1780）春，紫禁城外刚刚解冻的护城河浮出一具尸体，经核查，为内务府绣作坊绣工常德。绣工活计分给各绣工，按要求必须准时完成，因活多，"活限甚紧"，上年十一月初，常德连续数日没能完成。主管"催迫甚紧"，常德"一时情急轻生"，"乘间外出"，跳进护城河里，至发现，已冰藏三个月。

造办处虽属内务府管辖，但因其与皇帝更密切的关系，是直接为皇帝生产高端用品的高端企业，如创作、制作和存储玉器、金器、木器、漆器、铜器、珐琅器、玻璃器、绘画、武器等，所以有着更为特殊的地位。清初的造办处设在内廷养心殿，叫作养心殿造办处。康熙中期以后，陆续迁移到内务府周围。康熙皇帝一度热衷于科学技术，造办处制作了不少天文、数学、地学测量仪器。到雍正朝、乾隆朝，逐渐发展演变为造办科技含量高的钟表等高级装饰品，那时的宫廷王府，均以拥有精致的钟表陈设为时尚。

进入乾隆时代，造办处就以造办宫廷奢华品为主要任务了。一方面是把一流的能工巧匠召集到造办处，在皇宫里就地造办，便于及时向皇帝请示汇报，并得到皇帝随时直接的指示。另一方面是把造办处不具备条件，在皇宫里无法完成或完成不好的活计，做好设计，画好图纸，有的还需做出样品，制成模型，外包异地制作。造办处历史上最大的一件作品，是乾隆皇帝为自己八十寿诞造办的"青玉大禹治水图山子"。青玉料出自新疆密勒塔山，毛料重达8300公斤，2000人开采，数百匹马、上千人拉推运送，行程5500公里，3年运至北京。造办处画匠据玉料设计出正、侧面三张画样，内容为治水的人们在崇山峻岭间劈山凿洞。据画样先做成蜡样，因怕天气炎热融化又做成木样，一并经大运河运往扬州，组织扬州最好的玉雕工匠，雕琢6年之久，再经大运河运回紫禁城。玉山安放在厚重的山水树石状错金铜座上，造办处玉匠在玉山上镌刻文字。正面刻"五福五代堂古稀天子宝"和"天恩八旬"方印、圆章，背面上方刻"古稀天子"和双行大字隶书"密勒塔山玉大禹治水图"，下刻乾隆皇帝七言诗322字，注释1212字，再下方刻"八徵耄念之宝""古稀天子之宝""犹日孜孜"三印。一件玉雕作品，前后十年，耗资之巨，可谓空前绝后。此种做派，连好大喜功、自我标榜为"大禹"的乾隆皇帝也觉得挥霍得不好意思了，虽然反复用"古稀天子"为自己开脱，最后还是不得不写下"再不为例"的告诫。

上有所好，下必甚焉。皇宫的内务府、造办处，"内务""造办"奢华，各地大臣纷纷进贡珍奇之物，带动了整个官场及社会上层的骄奢贪腐之风。乾隆皇帝死后，嘉庆皇帝亲政，第一件事立即拿办父皇一手豢养、多年执掌内务府的巨贪和珅，接着宣告天下严禁进贡。上谕颁发，正有呈报说，一块从新疆开采出来进贡皇上的大玉石，因道路难通无法按时到京，嘉庆帝当即发令："所解玉石，行至何处，即行抛弃，不必前解。"仅此，这位刚刚上位的嘉庆皇帝，就比赖着不肯退位的老皇帝明智了许多。而能以平民利益为考量，能一眼看穿皇帝老子视为"皇帝之宝""御览之宝""天子之宝""宜子孙""子子孙孙永宝用"的"古玩"，"饥不可食，寒不可衣"，"直如粪土"，比乾隆皇帝高明得多。

从另一方面看，皇权下的财富高度集中所引发的奢靡导向，以皇帝的个人趣味为中心形成的审美导向，都直接对物质文化和整体文化的发展趋向产生了极大的负面影响。

西边武英,东边文华

内务府、造办处南面,太和门广场西侧熙和门外的武英殿,与太和门广场东侧协和门外的文华殿,相对称、对应的不只是位置和名字,在使用功能上,很有些"文"东"武"西的区分。

明清两代的文华殿,主要用作皇帝经筵。所谓经筵,是汉唐以来专为皇帝特设的、皇帝亲自参与的讲经论史的讲席,后逐渐固定为一种制度,明清沿袭。讲期集中安排在春秋季节,具体时间各朝各代多有变化。讲授内容主要为传统儒学、理学。主讲官由翰林学士或其他官员轮流担任。明英宗朱祁镇不到10岁做了皇帝,身负辅政重任的大臣杨士奇、杨荣等深感幼主教育之事重大,上疏制定了经筵仪程,规定每旬一大讲,每日一小讲。大讲时皇帝去文华殿听讲,内阁学士、六部尚书等要员陪侍,仪式隆重,俨然成为朝廷一大盛典。清朝经筵典礼从顺治开始,持续200多年。康熙皇帝尤为看重,由隔日进讲改为日日进讲。康熙二十二年至二十五年(1683—1686),重新修建主要用作经筵场所的文华殿,建成我们现在看到的规整格局:由前到后依次为文华门、文华殿、主敬殿;两侧配殿本仁殿、集义殿左右对称;文华殿东面增建传心殿,传心殿内供奉伏羲、神农、轩辕、尧、舜、禹、汤、文、武、周公、孔子位。每当经筵典礼举行之前，皇帝亲自或派大臣到传心殿行祭告礼。为皇帝讲学，既成制度，则须遵守坚持，但时日一长，很容易落入形式主义。那些儒学、理学的大道理，也不一定为每位皇帝心领神会，甚至反觉其脱离治国理政的实际，有碍于皇帝权力的行使。何况皇帝们脾性各异，勤懒不一，态度悬殊，经筵活动难免发生变异。比如讲官和陪讲官给听讲的皇帝跪拜磕头是一定的，但讲官是站着讲还是坐着讲，就成了问题。更有甚者，有的皇帝居然在听讲之时，当场抛撒金钱，让讲官陪讲官们争相捡拾，实在是对儒学、理学的极大亵渎，原本君臣一堂、庄重严肃的制度性集体文化理论研习，顷刻斯文扫地。

与文华殿建筑群隔太和门广场相对应的武英殿建筑群，东西70米，南北100米，武英门与正殿武英殿、后殿敬思殿坐落在高台上，中间由御道相连。正殿前有东西配殿，东为凝道殿，西为焕章殿。武英殿与文华殿均为与中轴线上的前三殿、后三宫同时落成的重要建筑，都与皇帝的活动直接相关。明初武英殿为皇帝斋戒和召见大臣之处。明末崇祯十七年（1644）三月，李自成攻克北京城，进驻紫禁城，坐镇武英殿。四月，李自成率大军往山海关征讨吴三桂，吴三桂引多尔衮出兵，李自成败返北京。四月二十八日，吴三桂兵临城下。四月二十九日，李自成在武英殿举行登基典礼。第二天一早，李自成焚烧宫殿及京城九门城楼，撤离北京。多尔衮命吴三桂追击，自率军于五月二日开进北京城，以清朝顺治皇帝摄政王身份升座武英殿。康熙八年（1669），因修缮三大殿，康熙皇帝移居武英殿，居住近一年。此后，康熙皇帝将武英殿主要用作编刻印制图书之所。十几年之后，康熙皇帝重建文华殿时，以武英殿为蓝本。同治八年（1869）武英殿毁于火灾，重建时又仿文华殿。

的确可以视为"文"东"武"西的文华殿区与武英殿区，不只是隔一片开阔的太和门广场相互呼应，还有一条婀娜的金水河使它们紧紧相连。金水河从武英殿的西北方向蜿蜒而来，在武英门前弯曲出一个优美的弓形，亮丽的三座汉白玉桥与武英门的汉白玉须弥座，与金水河、金水桥、须弥座的汉白玉栏杆，与闪闪流动的河水、红墙黄瓦彩绘，组合出紫禁城中一处格外优美的风景。当金水河流过太和门广场，流到文华殿的时候，却静悄悄地拐了个弯，安安静静地从文华殿的背后绕过去了。文华门前两侧，一年一度海棠花盛开，一年一度银杏树金黄灿烂。从环境格局来看，武英殿更尊贵典雅，文华殿更平和质朴。

1914年，古物陈列所成立，先是在武英殿与其后的敬思殿之间加盖穿廊，将两殿连为一体，一起改为陈列室。接着以同样的办法，把文华殿与其后的主敬殿连为一体，也改为陈列室。一百多年过去了，现在的故宫博物院依然将两殿作为陈列室：东面的文华殿为书画馆，西面的武英殿为瓷器馆。

文渊阁与《四库全书》

自康熙十九年（1680）武英殿设立修书处以来，至少康、雍、乾三朝一百多年，武英殿区域一直是最好、最权威的图书编校、刻印、制作中心。紫禁城里一座极为重要的宫殿，由"武"转"文"，确实为所谓"康乾盛世"增添了不少亮色。

武英殿修书处的主要官员，是皇帝挑选任命的；武英殿修书处刻印的图书，编校精心，字体典雅，刻工精致，且选用上好的墨，上好的纸，不管花费，只求最美；又在皇帝的眼皮子底下，随时向皇帝汇报，请皇帝审定，直接对皇帝负责——这样的"头号工程"生产出来的产品，当然是赏心悦目、精美无比、天下第一的。研究图书版本的学界、业界，向来把武英殿出品誉为"殿本"。

康熙、雍正时期，武英殿修书处除了传统的刻木版印制图书外，新制作了一批铜活字，排版印制了大批书籍，著名的《古今图书集成》就是铜活字排印本。乾隆年间，木版印制继续，铜活字却因一时钱贵，竟然全部化为铜钱了，真不知乾隆皇帝当时是怎么想的。等到编纂《四库全书》时，又想选印、多印些"精品"图书，只好又雕刻了木活字约25万个，其中枣木活字10万个，排印书籍120余种，虽然乾隆皇帝自名为"聚珍版"，质量仍比不上铜活字版。但无论如何，一百多年异常活跃的皇家修书处,还是编辑刊印了大量清朝编纂的图书,并校勘印制了大量古籍。武英殿的文化建设工程,成果显赫。

"西武英"出品的最重要的图书,收藏陈列在"东文华"——文华殿后面的文渊阁,如雍正朝的《古今图书集成》,不过,文渊阁的声名,主要因收藏乾隆时期的《四库全书》而大振。

乾隆三十八年(1773),乾隆皇帝设立四库全书馆,隆重启动纂修《四库全书》这一国家重大文化工程。乾隆皇帝精心策划,直接领导,亲自过问把关每个重要环节。作为皇帝工程,既可举全国之力,又有雄厚资金保证。首先挑选360多位高官大员,硕学通儒,组成庞大的纂修团队。接着在全国范围内搜求征集历代书籍,尽最大可能做到没有缺漏。对征集的书籍,经筛选、审查、校勘、删改,确定入选书籍3400余种,共计3.6万余册、7.9万余卷,分为经、史、子、集四大类,汇成《四库全书》。另编有《四库全书荟要》《四库全书总目》《四库全书简明目录》《四库全书考证》,总计近10亿字。又征召考核选拔出符合要求的书生3800多人,集中在京城,累月经年,完成了7部《四库全书》的抄写任务。精心抄写,严格校订,确保质量,基本做到了毛笔正楷抄写,一笔不苟,如出一人之手。如此工程,完成到如此程度,若非乾隆皇帝,谈何容易!

几乎与编辑《四库全书》同时,开始筹建《四库全书》藏书楼,足见乾隆皇帝筹划之周密。从乾隆三十九年(1774)开始,陆续建成北京紫禁城文渊阁、盛京(沈阳)故宫文溯阁、北京圆明园文渊阁、热河（承德）避暑山庄文津阁，为内廷四阁，也称北四阁。又建成镇江金山寺文宗阁、扬州大观堂文汇阁、杭州圣因寺文澜阁，称江南三阁。七阁名称，首字皆为文，除文宗阁外，中间字皆为"水"旁，宗字虽无，但文宗阁所建地镇江金山面临大江，寓江河朝宗于海之意。3800多人手抄的7部《四库全书》，分藏七阁。至乾隆五十五年（1790），纂修、缮写、校订、运送、陈设《四库全书》的浩大工程全部完成，前后长达17年。

乾隆皇帝为《四库全书》所建七阁，形制大致相同，仿自浙江宁波明朝兵部侍郎范钦的藏书阁天一阁。七阁中以紫禁城中的文渊阁最为壮观。文渊阁其实并非乾隆皇帝的原创，明朝紫禁城中也有文渊阁，位置在文华殿南面，李自成撤出时被焚毁，所藏图书一并化为灰烬。乾隆皇帝新建文渊阁，地址选在文华殿北，主敬殿后。该处原为明朝圣济殿旧地，是一处整齐的横向庭院。院子中间开凿方形水池，水池正中跨一座南北石桥，桥下内金水河流过，桥北文渊阁高高矗立，阁后太湖石垒叠为山状，洞壑绵延，院内松柏遍植，卵石铺路，宁静幽雅。与前面文华殿的红墙黄琉璃瓦不同，文渊阁灰砖黑琉璃瓦，黑色属水，藏书最怕火，水克火，取防火之意。

文渊阁面阔5间，长33米，进深14米，外观为上下两层，内部实为三层。下层中间三间置《四库全书总目》《四库全书考证》《古今图书集成》，左右各一间置《四库全书》"经部"，中层置"史部"，上层置"子部""集部"，书架总计109具。乾隆皇帝亲书匾额"汇流澄鉴"，悬挂在阁内正中最显眼处。

《四库全书》大功告成,乾隆皇帝在文渊阁设宴招待总裁、总纂等有功之臣近百人,在院子里搭台唱戏,命诸皇子敬酒,赏赐如意、绸缎、玉佩、文房四宝等。文渊阁正式启用后,每次文华殿经筵讲毕,皇帝则去文渊阁,并赐座、赐茶讲官、起居注官。

文渊阁东侧建有碑亭,碑阳面刻乾隆皇帝《文渊阁记》,阴面刻乾隆皇帝《文渊阁赐宴诗》。《文渊阁记》中写道:"后世子孙奉以为家法,则予所以继绳祖考觉世之殷心,化育民物返古之深意,庶在是乎!庶在是乎!"虽然乾隆皇帝把纂修《四库全书》上承祖宗、下为子孙的目的说得公开透明,但毕竟做的是一件文化建设大事,一桩最大的国家文化工程,是对中国古典文化的一次系统、全面的分类整理。这么大的规模,在世界文化史、出版史上也是罕有的奇迹,无论在古籍整理方法上,还是在辑佚、校勘、汇刻丛书、目录学等方面,都给后世学术界以巨大影响。

同时,在文化政策上,比起前朝来,乾隆皇帝是变本加厉地严控严管。最突出的体现是文字狱的盛行。顺治、康熙、雍正三朝文字狱共30余起,乾隆一朝,多达130起以上,且残酷野蛮到荒唐的程度。故宫博物院成立之初,文献馆即以极快的速度,编辑出版了《清朝文字狱档》,公之于世。乾隆皇帝纂修《四库全书》,有文字狱的心结与根底,表现出来的,就是寓禁于征,一边搜罗整理,一边清查禁毁。据统计,纂修期间,销毁之书多达3000余种、7万余卷,几乎相当于《四库全书》所收。所收之中,还有抽毁、删改。看来,名

"全书"不准确,叫"半书"合适。与文字狱配套,纂修《四库全书》,便成为一次全面彻底的文字清扫与思想统治行动:销毁不利于清朝统治的文字,取缔一切异端思想言论。

鲁迅在1934年写的《病后杂谈之余》里说过:"现在不说别的,单看雍正乾隆两朝的对于中国人著作的手段,就足够令人惊心动魄。全毁,抽毁,剜去之类也且不说,最阴险的是删改了古书的内容。乾隆朝的纂修《四库全书》,是许多人颂为一代之盛业的,但他们却不但搞乱了古书的格式,还修改了古人的文章;不但藏之内廷,还颁之文风较盛之处,使天下士子阅读,永不会觉得我们中国的作者里面,也曾经有过很有些骨气的人。"鲁迅在文章中用具体的例子对比旧抄本与四库本后继续说:"清朝的考据家有人说过,'明人好刻古书而古书亡',因为他们妄行校改。我以为这之后,则清人纂修《四库全书》而古书亡,因为他们变乱旧式,删改原文;今人标点古书而古书亡,因为他们乱点一通,佛头着粪:这是古书的水火兵虫以外的三大厄。"

以编纂《四库全书》为抓手,乾隆皇帝利用和发挥登峰造极的皇帝权力,对积累和流传了几千年的文化文明书籍,一边一网打尽地搜罗,一边一网打尽地销毁、篡改,一手将对思想文化的禁锢和专制,推向中华民族历史的高峰,其结果自然是"万马齐喑究可哀"。尤为可悲的是,乾隆皇帝撒开的这张网,竟然将本来少得可怜的科技类典籍也一并网罗销毁,而这个时候的世界上,思想启蒙、理性主义、人的解放、人权法权、自然科学、哲学经济等方面的著作,这些对社会革新、人类进步产生了无比巨大推动力的文明典籍,却如雨后春笋般面世流布。

三 西区、东区故事

育人、养马、射箭

文华殿、文渊阁后面的一大片区域里,有几个地方很有意思。

一为南三所,位于文华殿区东北部。内金水河从文渊阁前流过,向东流出文华殿区,有三座石桥南北横跨,桥北有琉璃门三座,俗称三座门。进门往北,绕过琉璃影壁,一座三开间宫门里边,东西并列三所殿宇,便是南三所了。明朝此处有端敬殿、端本殿,清乾隆时改建为三所殿院。三所院落规制相同,每所三进院,每院三座殿,另有配殿、值房等,总计房屋200余间,专供皇子们居住,俗称"阿哥所",或称"所儿"。紫禁城大部分宫殿为黄琉璃瓦屋顶,唯南三

所一色绿琉璃瓦，以显示皇子们的领地规格，稍稍低于帝后的宫殿。明光宗朱常洛当太子时居此，清嘉庆皇帝、道光皇帝、咸丰皇帝，做皇子时均在此居住过。明万历年间，太子朱常洛居住时，竟有蓟州人张差手持枣木棍闯入，击伤守门内侍，直奔太子寝宫。被擒后审讯，供出系郑贵妃手下太监唆使，一时朝议纷纷，皆疑郑贵妃欲谋害太子，万历皇帝为平息事态，或家丑不可外扬，以疯癫奸徒闯宫罪处死张差，史称"梃击案"。

第二个地方为上驷院，宫廷御马管理机构，位置在文渊阁后偏东，清顺治年间设立，初名御马监，康熙年间改名上驷院，管辖18个马厩。上驷院旁边，设有御马厩、良马厩，由御马大员负责，精心饲养皇帝、皇子骑乘的精良马匹。因宫廷名马多为蒙古王公进献，上驷院便从蒙医中挑选擅长正骨疗伤者，担任上驷院马医，除为御马保健外，兼为宫廷办事人员疗治跌打损伤，称为"蒙古医生"。康熙皇帝第一次废太子允礽后，竟在上驷院旁边搭了一座毡房，将允礽拘禁

皇子们居住的南三所

了一段时日，并让皇四子，即后来的雍正皇帝允禛看守。宫廷御马在乾隆时最盛。来自意大利的宫廷画家郎世宁画的《乾隆皇帝大阅图》，来自法国的宫廷画家王致诚画的《十骏马图》，画中之马，都是乾隆皇帝的坐骑。从画中可见，《乾隆皇帝大阅图》中乾隆皇帝的胯下之马，与《十骏马图》中第六匹马，应是同一"模特儿"。

第三个地方是箭亭，在文渊阁正北面，面阔5间，进深3间，周围出廊，独立于开阔的广场中。箭亭建于顺治年间，初名"射殿"，殿内设宝座，左右有石刻两座，一刻乾隆"上谕"，一刻嘉庆"八旗箴"，均为警诫后世恪守满族冠服骑射传统之言。在宫廷中建箭亭，为的就是继承发扬满族尚武传统。箭亭前广场开阔，是皇帝皇子们练习骑射的场地，也是殿试武进士的场地。殿试时，皇帝亲临检阅，考试内容有马步、射弓、刀石等项。咸丰年间，从八旗兵丁中各选善射者15人，名十五善射。皇帝射箭时，十五善射侍立；皇帝命射，十五善射随射。

正好在这三个地方的中心位置上，是紫禁城里最大的餐饮中心御膳房。这样的组合颇为得体：吃好了，喝好了，好读书，好骑马，好射箭。一如武英殿的由"武"向"文"的转型，在文华殿、文渊阁讲经论道坐拥书城的文气背后，皇帝们，皇子们，尤其是在和平年代成长着的皇家的接班人们，在读书起居间，需要时常听到战马的嘶鸣，时不时地舞刀弄枪、拉弓射箭，需要一些武气、野气、蛮气。

"奉天"与"奉先"

在与奉养皇太后的慈宁宫对称的东区位置上，景运门门外，有一座祭拜列祖列宗的奉先殿。再往东，就是乾隆皇帝为自己当太上皇建造的宁寿宫。慈宁宫、宁寿宫供奉的是还活着的老一辈，奉先殿供奉的则是死去的老祖宗。在供奉皇太后、太上皇的宫殿之间供奉先祖，很有必要，且很重要，否则，不会这样排列。再往皇宫的中轴上看，最重要的太和门、太和殿，最初叫奉天门、奉天殿。敬天、法祖、养老，家国天下，秩序分明，路径清晰。"奉先"仅次于"奉天"，但甚至比奉天还紧要。天是虚的、空的，看不清、摸不着，而历代祖宗如数家珍，历历在目。祭拜祖宗，效法祖先，继承祖业，对于家天下的皇权帝制来说，也是一件天大的事情。

皇帝、皇族祭祖的地方不止一处。"左祖右社"，午门外东侧有巍峨的太庙，明朝供奉历代的皇帝牌位，清朝供奉太祖、太宗的牌位。神武门外景山后，正对景山最高处，皇宫中轴延长线上，有供奉清朝历代皇帝画像的寿皇殿，及以寿皇殿为主体的祭祖建筑群。一在皇宫前，一在皇宫后，出出进进，频繁的祭拜毕竟不太方便，间隔时间一长，又难尽孝思，于是，便在乾清宫的东面，规划建造了一座内廷里的家庙奉先殿。站在乾清宫前的平台上，看得见奉先殿金黄色的高大屋顶，早晚上香，初一、十五拜祭，时节供鲜，方便了许多。

与紫禁城里所有与皇帝关系直接的重要宫殿一样，奉先殿坐落在高高的汉白玉须弥座上，环以汉白玉栏杆，前后两殿，为前殿后寝规制，中间以穿堂廊连接成"工"字殿形式。前殿面阔9间，进深4间，重檐庑殿顶，与内廷核心建筑乾清宫相似，因其周围空间狭小，反倒更显殿宇轩昂。殿内陈设各代帝后神龛、宝床、宝椅、供案。每月初一、十五，元旦、冬至，皇帝生日，及朝廷有大事时，都要在奉先殿举行大祭。皇后生日，立春、元宵、清明、端阳、中秋、重阳、腊八等时节，例行到奉先殿拜祭。凡有册封，凡帝后出宫回宫等，都要向祖先"请示汇报"。奉先殿还有一项固定节目，叫作"月荐新"，每个月向祖先进献时令食品，如农历正月进献韭菜、鲤鱼、鸭蛋，四月进献樱桃、雏鸡、茄子，七月进献梨、鲜菱、莲子、藕、榛仁、野鸡，八月进献山药、栗实、野鸭，十月进献松仁、蘑菇、木耳，十一月进献银鱼、鹿肉等。

如此尽心尽意、隔三岔五的"奉先"，核心在于让子子孙孙时刻牢记：皇帝的位子，皇帝的权力，皇家的财富，来之不易，千万要感恩戴德，要加倍珍惜，更要一心一意地维护，千方百计地捍卫，让"子子孙孙永宝用"。

宁寿宫：建而不用

乾隆元年（1736），乾隆皇帝继承皇位后的第一件大事，就是抓紧时间完成了在慈宁宫西侧新建三进院落的寿康宫工程，让母亲崇庆皇太后作为日常居住之宫，风风光光地住了进去。乾隆十六年（1751），寿康宫旁边的慈宁宫大殿修缮一新。乾隆三十四年（1769），大规模改建慈宁宫、慈宁门。把母亲的养老安顿妥帖之后，乾隆三十五年（1770），开启了自己当太上皇以后居住的宁寿宫区域更大规模的改扩建工程。

对紫禁城来说，乾隆皇帝算是最能折腾的改建、添建、扩建者。乾隆皇帝在位60年，皇宫外的宫苑不说，仅紫禁城内的宫殿建设，明确记载的就有55项。其中重要工程，且工程量都很大的有寿康宫、雨花阁、重华宫、建福宫、建福宫花园、宁寿宫、宁寿宫花园等。按所建宫殿间数统计，乾隆皇帝所建的数量比明初所建五分之一还多。

在所有工程中，准备为自己使用的宁寿宫区域的改扩建工程最大，从乾隆三十五年到四十一年（1770—1776）才完成。这一区域基本上与西北部太后们的生活区域相对应。西边是皇太后、太妃嫔休养的地方，东边就应该是太上皇休养的地方吗？追究起来，乾隆皇帝的想法做法有些奇怪。即位的皇帝孝顺自己的母亲，连带关照父皇的其他女人们，是应该的，是常情常态，也是事实上的需要。可是，太上皇的问题就完全不同了。在中国帝制的历史上，有几个皇帝像传说中的尧舜禅位，哪怕是禅位给自己的儿子？当皇帝的大都是一直当到死才算完。即便出现了太上皇，也多是因特殊状况所致，这些，乾隆皇帝不会不知道。可他为什么在自己当了30多年皇帝的时候，就想到为自己安排"太上皇"的退路呢？这个做法，既不是承传皇位的套路，也不像乾隆皇帝的风格。也许是他一不留神把标榜自我的话说大了，不该当着众人的面，说自己在位的时间无论如何不敢超过自己的祖父，当够60年一定退休。也可能说之前心里算计过，25岁登基，能像祖父一样当61年皇帝吗？祖父可是8岁登基的啊！也可能马上又对自己的身体充满了自信，觉得还是早做

宁寿门内皇极殿，与乾清门内乾清宫相似

准备为好，早早做出一个尧舜似的姿态给大家看看，也算是开创历史新篇章的伟大之举。于是，为自己建造的，准备20多年后才投入使用的宁寿宫区域，大张旗鼓地开始建设了。

皇帝工程，不计成本，投资巨大。精心设计，精心施工，又不急用，慢工出细活。建设好的太上皇区，总占地面积5万平方米，宫殿、楼台、房屋共计1183间，耗银127万两，尚不包括木料等开支。

整个区域，被四周高大的红墙包围成一个独立的大空间。在方正的南北向长方形空间里，以鲜明的中轴建筑为主导，分为南北两大部分。南半部从南三所背后的九龙壁起，依次为皇极门、宁寿门、皇极殿、宁寿宫，明显仿紫禁城中轴线外朝部分的午门、太和门、太和殿、中和殿、保和殿布局。南半部与北半部中间，隔一个东西向长方形小广场，很

像中轴线上前朝与内廷之间的乾清门广场。广场以北的北半部，分为左中右三路。中路顺延前半部分中轴建筑，依次为养性门、养性殿、乐寿堂、颐和轩、景祺阁。东路由南向北，依次为演戏的大戏楼畅音阁、皇帝看戏的阅是楼、连续为四进院落的寻沿书屋、庆寿堂以及最北面的景福宫、梵华楼、佛日楼。西路为宁寿宫花园，也叫乾隆花园，位置与占地面积完全与东路对称，由南到北5个小景区分隔又连通。北半部分明显仿紫禁城中轴内廷部分的乾清门、乾清宫、交泰殿、坤宁宫、钦安殿及东西六宫布局。不过，85岁以后的太上皇大概不再需要东西六宫，便改为戏楼、书屋、佛堂和散步的花园了。

将宁寿宫区域前后东西的建筑布局，与紫禁城中轴线上的前朝内廷比对着看，这个太上皇区，完全是大朝廷克隆出来的小朝廷。为什么乾隆皇帝把他准备退休之后延年益寿的生活空间建设成这个样子？想一想也有些奇怪：乾隆皇帝不是没建过适合休闲养生的宫苑园林，但他为什么还是要把退休后的生活环境，打造成依然像是在继续执政的空间？再想一想也不奇怪，创意、规划、总设计、施工总监、总验收，都是他，这是真实的乾隆皇帝内心世界的外化。虽然不在皇帝的位子上了，仍然要活动在皇帝的空间里，仍然要主宰着皇朝的气象。可是，等到验收完毕，发现和他正在主宰着的皇宫相比，实在不是一个级别，无法相提并论，乾隆皇帝的不情愿、不甘心，只能放在自己的肚子里。

从乾隆皇帝大兴土木建造太上皇宫殿的前前后后看，从兴致勃勃的开始，到兴味索然的收场，再到不冷不热的闲置,分明透露出乾隆皇帝不想退位,退了也不会安居此地的信息。很快就到了乾隆六十年(1795),早已张扬得天下昭然的退位之事,不得不有个交代了。第二年元旦,举行授受大典,改元嘉庆。嘉庆元年(1796)正月初四,太上皇在皇极殿摆了一个盛大的千叟宴,参加宴会的为70岁以上的王公、百官、兵、民、役匠等共3056人,另有列名邀赏并不出席者5000人,并有朝鲜、暹罗、安南、廓尔喀四国的使臣。除了好吃好喝地招待,还有不同等级的赏赐,赏给年龄前两位的106岁、105岁老民六品顶戴,90岁以上、100岁以下七品顶戴。85岁的退休太上皇,如此彰显"尊老"政策,可能有格外的深意。果然,此次盛大亮相之后,乾隆太上皇仍然住在养心殿"训政",新皇帝毕恭毕敬地在一旁伺候。直到嘉庆四年(1799),太上皇死在养心殿皇帝的工作岗位上——太上皇连一天也没在自己亲手创建的太上皇宫殿里居住过。

乾隆皇帝精心创建的太上皇的独立王国,在百多年的时间里,注定是要被冷落的——乾隆皇帝在位期间,没有实际用处;退位之后,又不肯去住;乾隆皇帝死了以后,因其在位时说过宁寿宫"待余归政后居住,则为太上皇临御之所",若不是太上皇,则不可居住。可是,乾隆皇帝之后,不用说再也不会有太上皇了,到后来连找个继位的皇帝都不容易。一直到慈禧太后入住,其间120余年,太上皇的宁寿宫区域,只有看管太监的身影。

乾隆皇帝也不会想到,这个让他晚年很是尴尬的宁寿宫,倒成为留给慈禧太后偷着乐的政治遗产。乾隆太上皇的确是慈禧太后的好榜样。两度垂帘听政、数度训政的西太后，大概觉得自己并不比乾隆太上皇"训政"的水平低多少，太上皇没去住的太上皇宫殿，闲着也是闲着，难道我就不可以去住吗？光绪十七年（1891），为贺慈禧六十寿辰，拨银60万两将宁寿宫区修葺一新。光绪二十年（1894），慈禧太后在皇极殿举行六十寿辰贺礼，入住乐寿堂，皇帝后妃日日请安，从这个时候开始，乾隆皇帝的太上皇宫殿，终于热闹起来。光绪三十年（1904），慈禧太后举行七十寿辰贺礼，还在这个地方分别接受了9国使臣的祝贺。慈禧太后死后，也是在这个地方，在太上皇的宫殿里，停灵，治丧。

皇帝的花园

清朝的皇帝和明朝的皇帝不一样。明朝的皇帝，从江南北上，一旦迁都北京，就很少离开紫禁城，离开京城，连他们发迹的江南也不再眷顾；清朝的皇帝，从东北入关，同样建都北京，却还是不停地北出塞外，尤其是一次又一次南下江南。明朝的皇帝封闭在祖上建造的紫禁城里；清朝的皇帝，从康熙皇帝开始，稍稍坐稳了江山，就忙乎着在紫禁城外营造皇家的园林。造园最卖力的是康熙皇帝与乾隆皇帝祖孙俩。或许是因为他们在位的时间太长，又有足够的精力与金钱。

康熙皇帝是大举造园的开创者，乾隆皇帝是皇家造园事业最称职的继承发展者。炎热的夏天，康熙皇帝在畅春园主殿的前殿理政，跟着祖父的"小乾隆"在后殿读书。康熙皇帝将圆明园赐给雍亲王，后经雍正皇帝、乾隆皇帝近百年经营，成就为"万园之园"。雍正皇帝以四字命名圆明园12景区，乾隆皇帝扩建为40景区，仍以四字命名；乾隆皇帝再增建长春园30景区、绮春院30景区——九州清晏、天然图画、碧桐书院、杏花春馆、北远山村、洞天深处、翠合轩、问月楼、水心榭、清夏斋、竹林院……圆明园各具风情的景区景点扩展到100多个。康熙四十二年（1703），康熙皇帝兴建热河行宫（承德避暑山庄），建成36个景区；乾隆皇帝接着建，再建景区36个,合称"七十二景"。外八庙中六座庙是乾隆皇帝建的,到乾隆五十七年(1792),历时89年,占地超过5平方公里的避暑山庄竣工。再往北,康熙皇帝建木兰围场,乾隆皇帝续建,共设大小围点72个,范围达1万多平方公里。

康熙皇帝与乾隆皇帝,祖孙两人不愧为造园的能手。他们热衷于造园,与他们热衷于巡视塞外江南密不可分。塞外的年年"秋狝"就不必说了,那是他们家的祖传长项。而南巡,还有东巡、西巡,则是新辟的路径。康熙皇帝南巡6次,乾隆皇帝也南巡6次。祖孙的造园大业,随着一次次的巡游迅速推进。胸怀、视野与足迹,决定了他们造园的高度、水平与速度。东北白山黑水的山高水远、林深草盛,京城皇家宫苑的富丽堂皇、壮美精致,江南文人园林的诗情画意、优雅灵秀,汇流融合为全新的宫苑气象。有权有钱,有想法有个性,又任性,康熙皇帝与乾隆皇帝两个实际在位60多年的祖孙联手,将园林建造与造园艺术推向巅峰。然而,这样的造法,尤其是乾隆皇帝的无节制大造特造,包括出巡路线上的无数行宫,造到快退休的时候,已经是国库虚空,难以为继了。

就在乾隆皇帝大肆造园的同时,世界的另一头,正在热火朝天地造蒸汽机、造火车,修铁路、建铁桥,造纺纱机、造机器制造厂,开煤矿、开铁矿——乾隆五十八年(1793),即避暑山庄竣工第二年,率先跨入工业革命、工业文明的大英帝国,派遣以马戛尔尼为首的庞大使团访问大清帝国,乾隆皇帝分别在自己刚刚完美收工的避暑山庄和圆明园草草接见了马戛尔尼,甚至连英国方面精心准备的足以代表和反映工业革命科技成果的丰富礼品也没多看几眼,便断然拒绝了英国方面提出的建立外交关系、开展贸易往来的请求。这位陶醉在自己建造的精美园林中的老皇帝,怀抱着"天朝上国,抚有四海,物产丰盛,无所不有""十全老人,无所不能"的自大心态,将本有可能打开的中西之间文化科技、交通商贸、工业制造交流互鉴的大门,彻底地封闭起来了。

　　痴迷于造园艺术的乾隆皇帝,在花钱造园上超过康熙皇帝的地方,不仅是造得多,造得大,而且在宫外造,在宫里也造。不过宫外宫里大不一样。宫外天广地阔,有的是发展空间,皇帝的宫殿楼阁可以自由自在地安顿在山水间;而紫禁城端正规整,空间有限,在宫里造园,要把自然的山水和特别的心情安放在既成的宫殿环境里,非同一般——乾隆皇帝给自己出了一道难题。但此时的乾隆皇帝,已经自认为是积累了相当丰富经验的造园大师了,不只在宫外造过许多,在宫内也造过,早在刚当皇帝没几年的时候,就把重华宫西面的两所院子,改造成了一座园中之园的建福宫花园。在这座4000多平方米的园子里,叠石成山,游廊回环,亭阁斋馆楼堂轩室错落,乾隆皇帝颇为得意,经常光顾。30多年过去了,乾隆三十七年(1772),当他在宁寿宫区专门辟出一块地方,建造宁寿宫花园时,他对自己的造园艺术充满自信。

　　这块地方位于宁寿宫区北半部的西侧,正好与紫禁城西北区30多年前所建的建福宫花园大体对称,面积比建福宫花园大一些。南北160米,东西不足40米,占地6000平方米左右。在这么一块地方建造太上皇的花园,实在是太过狭窄了,但是也没有办法,任何扩展的余地都没有了,只能地尽其用;或许在限定的空间里,正好考验出乾隆皇帝的造园水平。

三　西区、东区故事

在这块南北狭长的地带上,由南到北,划分为既分隔又连贯的四进院落、四个景区。正南门衍祺门内为第一景区,入院即山石亭台,北面主体古华轩,西面禊赏亭中,石板地面凿出流杯渠,可曲水流觞。禊赏亭背后设爬山廊,登上堆山有旭辉庭,可观日出。东南有露台、抑斋、撷芳亭,湖石峰峦间石洞游廊连通。

第二进院为住宅式院落,主体遂初堂坐北面南,东西配房、廊房相接。乾隆皇帝说:"皇祖临御六十一年,予不敢上同皇祖","至六十年即拟归政","冀得遂初心愿"。谓予不信,此堂为证。

遂初堂后,第三进院以山景为主,湖石堆山,山峦跌宕,奇峰怪石,悬崖洞壑;萃赏楼、耸秀亭、延趣楼、三友轩,于山景前后左右上下,对峙环立。

最后一进主体为符望阁,仿建福宫花园中的延春阁。高两层,平面方形,阁内装修奢华,镶玉嵌珐琅,纵横变幻,行走如入迷宫。顶层围廊,可四望宫中景色。阁前叠石堆山上的碧螺亭,内外装饰皆为梅花图案。

阁北为倦勤斋,靠西墙有竹香馆,堆山映掩。倦勤斋北依宫墙,面阔9间,仿建福宫花园中敬胜斋。内设仙楼小室,宝座宝床,竹丝挂檐,珠玉嵌壁。更有方形亭式小戏台,木质仿竹纹,戏台左右绕以夹层篱墙,周围整面墙壁满绘园林景色,与天顶所绘藤萝天花连为风景特异的通景画。由于采用了西洋透视通景绘画技法,通景画焕发出神奇的视觉效果,立体感极强,实景与画景融合,室内空间仿佛延伸到画面中,小戏台真如设于藤萝架下。新颖的通景画锦上添花,倦勤斋室内装饰，堪称宫廷之最。

如此看来，乾隆皇帝为自己造的太上皇花园，的确是精心之作，虽然受到极大的空间限制，还是造出了自己的水平，造出了自己的风格。皇宫的尊贵，江南的文雅，西洋的新奇，应有尽有。但是，太过狭小的皇宫造园空间，与颐和园的山水任我利用、圆明园的天地由我裁剪相比，大开大合的乾隆气势，不得不在这个地方委曲求全了。实地看看吧，仅仅百把米的狭长地界，居然做出4个景区，堆起6处石山，安置22座建筑！这么狭窄的地方，这么多的景点，穿行其间，虽是移步换景，实则更觉堆砌、拥挤、逼仄。恐怕乾隆皇帝自己，在建造过程中，一边尽可能把最能寄托自己情思的馆啊舍啊，都放了进去，一边也觉得自己未免太求全责备了，又觉得在这样一个地方做来做去，真的是大材小用，误入歧途，曾经的挥洒自如，只能儿童游戏般微天缩地了。

此时此刻的乾隆皇帝，肯定纠结于人工与天工、多多益善与以少胜多、强造景观与因地制宜、雕琢奇巧与不着痕迹的审美错位之中不能自拔——这大概也是他最终放弃宁寿宫区的一个无法言说的因素吧。以禊赏亭里的流杯渠看，寄情自然山水的雅兴，一旦圈进巴掌大的亭子间，还有何兴味？所以，找不到任何乾隆皇帝或其他人在这里曲水流觞的记载，倒是外表平淡、内里风光无限的倦勤斋，乾隆皇帝常去不厌。当然更为主要的原因是，宁寿宫区宁寿延年、多寿多福、子孙满堂、流传百世、江山永固的主题表达，在小戏台与藤萝画（寓意子孙万代延绵不断）的情景再现中达到新的高度，而使乾隆皇帝、乾隆太上皇依依不舍。

看戏与拜佛

在紫禁城东西区差不多相对应的位置上,各有一座"超高"建筑:东区宁寿宫区北半部东路打头的大戏台畅音阁,"崇台三层";西区慈宁宫后面的雨花阁,外观三层,内部四层,"明三暗四"。一个是看戏处,一个是拜佛处。说它们"超高",是因为在紫禁城中,再没有超过三层的建筑了。说来也有意思,排满大殿深宫的皇宫里,唯演戏的地方层次高,供佛的地方层次更高。

皇宫里演戏看戏的地方不止这一处。现存着的还有6处:西区的漱芳斋院子里有一座中等戏台,西六宫的长春宫院子里有一小戏台,漱芳斋,倦勤斋,倦勤斋东边的景祺阁,储秀宫后边的丽景轩,各有室内小戏台。乾隆二十五年(1760),乾隆皇帝为皇太后七十寿典,在雨花阁西边的寿安宫添建一座三层大戏台,嘉庆年间拆除。

唱戏看戏,是皇宫里最大最热闹的娱乐活动。清朝逢帝、后、太后生日,宫中都要演戏,连演数日至十数日。逢六十、七十、八十大寿,演出规模更大,连续演出长达一个多月。畅音阁是紫禁城中最大的演戏楼,坐南面北,上下三层,上层称"福台",中层称"禄台",下层称"寿台"。下层台面面积210平方米,前面部分演员表演,后部设楼梯供演职人员上下。中层前檐三间和东西两间为廊,供演员表演。上层四周为廊。上演大戏时,上、中、下三层均有演员,多时可达数百人。下层台板底下正中有地井,起共鸣扩音作用,四角四眼窨井,可升降演员道具。中、上层各设天井,上下贯通,井口安置辘轳,操纵演员升降。如此构建,这般规模,三皇五帝,西天瑶池,山移海转,亭台楼阁,上天入地,人间地狱,神仙鬼怪,奇花异树,龙虎鱼鸟,尽可展现。与畅音阁差不多规模,甚至更大规模的三层大戏楼,宫里还有嘉庆年间拆除的寿安宫大戏台,宫外圆明园、颐和园、避暑山庄各有一座。

畅音阁对面为阅是楼,坐北面南,上下两层,面阔5间,进深3间,前出廊。下层玻璃门,东西次间靠南窗设宝座宝床,楼两侧与东西厢廊连接。阅是楼是皇帝、后妃、皇子等看戏的地方,东西厢廊是王公大臣陪看处。寒冷的冬天,数百名演员顶着凛冽的北风声嘶力竭地演戏,帝、后、妃嫔、皇子们数十人在温暖的阅是楼内,喝着热茶,吃着点心,舒舒服服地看戏。

皇宫里演戏看戏的地方多,礼佛拜佛的宗教场所更多。清朝的皇帝们对藏传佛教格外重视,藏传佛教佛堂散布内廷各处。康熙年间,将中正殿设立为宫中佛教管理中心,主管主办宫中佛事活动。乾隆时期,皇宫里藏传佛教活动最为活跃,仅建造皇帝、太后专用佛堂就多达十几处。乾隆十四年(1749),乾隆皇帝采纳三世章嘉国师的建议,仿照西藏阿里古格的托林寺坛城殿,在中正殿的南面,建起紫禁城中唯一的一座汉藏形式结合的雨花阁。从此,这座高高耸立的楼阁，成为皇宫中宗教建筑与活动区域的鲜明标志。雨花阁北面，依次排列有皇帝专用的宝华殿、香云亭、中正殿以及澹远楼等十多座建筑。中正殿专供无量寿佛，念无量寿经，祝念皇帝幸福长寿。香云亭内设极为精美的金塔7座，金佛5尊，又称为金塔殿。1923年建福宫花园大火，向南延烧，宝华殿后的香云亭、中正殿及东西配殿、澹远楼毁于火灾，现已按原样复建。

雨花阁建筑风格的藏汉融合，体现在汉式单檐攒尖顶，上覆鎏金铜瓦，尖顶立鎏金铜塔，顶脊檐角装饰四条藏式铜鎏金行龙，每条行龙长近4米，重90公斤，远望若凌空行走。每层檐下有泥金彩龙盘旋于梁柱之间，二层与顶层之间

雨花阁

朝东朝西的壁龛里排列藏塔,底层檐下为藏式斗拱和藏式兽面,室内天花绘饰六大明咒及法器图案。从高处看,紫禁城连绵铺排的黄色屋顶间,无数脊兽昂首云天,雨花阁金顶上飞龙在天,金光闪闪。

雨花阁内部四层,严格按照藏传佛教密宗的事、行、瑜伽、无上瑜伽四部神系供奉。一层称智行层,悬挂乾隆皇帝题"智珠心印"匾额,前厅为西方极乐世界阿弥陀佛安养道场,后厅供奉以无量寿佛为中心的功部九尊佛,佛后供掐丝珐琅坛城三座。二层是一层和三层之间在北侧做出的夹层,称德行层,供以宏光显耀菩提佛为中心的行部九尊佛。第三层称瑜伽层,供奉以大日如来佛为中心的瑜伽部五尊佛。第四层称无上层,正面开门,三面安窗,光线充足,满室亮堂,室内供奉的是密宗修行进入最高境界的无上瑜伽部三大本尊神:密集金刚、上乐金刚、大威德金刚。

东边是看戏的畅音阁,西边是拜佛的雨花阁,乾隆皇帝在自己的皇宫里一手建造这么两座"高楼大厦",到底是

娱乐至上呢，还是信仰至上？于乾隆皇帝，自当是信仰至上，为母亲，为自己，为祖宗，为子孙，当然也要为百姓。在个人信仰的同时，自信人性、帝性、佛性齐备的"十全老人"，掌握着一个庞大帝国最高权力的统治者，自然也明白个人信仰与治国理政的宗教政策之间的关系，知道孰轻孰重。乾隆皇帝在皇宫中以建造雨花阁为标志，在皇宫外，以把雍和宫打造成国家宗教管理和宗教活动中心为标志，表明了乾隆皇帝在国家宗教政策方面对康熙皇帝、雍正皇帝的继承和发展。

珍妃井、宫女井

皇宫里人多，水井也多，总计75口，差不多有一个院落就有一口井。井虽多，但无名，统统叫井。只有一口井有名，有大名，众人皆知，叫珍妃井。这名字，是珍妃用命换来的。

珍妃井夹在宁寿宫区最北面的倦勤斋与景祺阁之间，大位置是紫禁城内东北角。光绪皇帝的珍妃被落井，有几种说法。有一种说法比较可信，出自当事人慈禧太后身边的大太监崔玉贵。崔玉贵说：

逃跑前一天，光绪二十六年七月二十日（1900年8月14日）那天中午，老太后吃完饭盼咐我，未正时刻在颐和轩召见珍妃，让我去传旨。那时珍妃已被软禁，关在颐和轩后景祺阁北头一个单独的小院内，就是所谓冷宫。珍妃住三间北屋最西头的屋子，屋门由外倒锁着，窗户有一扇活的，吃饭洗脸都是由下人从窗户递进去，不许交谈。一天倒马桶两次。两个老太监轮流监视。逢节日、忌日、初一、十五，午饭时，珍妃跪地，老太监代表老太后，指着珍妃鼻子、脸，列数珍妃罪过，叫作奉旨申斥，斥完后珍妃还得叩首谢恩。我是第一次到这里来，请珍小主接旨后，我走甬路一边领路，小主走甬路中间。一张清水脸儿，淡青色绸子长旗袍，脚底下是普通的墨绿色缎鞋，一副戴罪妃嫔的装束。老太后已经端坐在那里了。颐和轩里空落落的，一个侍女也没有，我很奇怪。珍小主跪地叩头，道吉祥，低头听训。老太后直截了当地说，洋人要打进城里来了，外头乱糟糟，谁也保不定怎么样，万一受了侮辱，那就丢尽了皇家的脸，也对不起列祖列宗，你应当明白。老太后下巴扬着，瞧也不瞧珍妃，静等回话。珍妃愣了一下说：我明白，不曾给祖宗丢人。太后说：你年轻，容易惹事。我们要避一避，带你走不方便。珍妃说：您可以避一避，可以留皇上坐镇京师，维持大局。就这几句话戳了太后的心窝子，老太后脸一翻，大声呵斥说：你死到临头，还敢胡说。珍妃说：我没有应死的罪！老太后说：不管你有罪没罪，也得死！珍妃说：我要见皇上一面，皇上没让我死！太后说：皇上也救不了你。来人哪，把她扔到井里头去。就这样，我和王德环（另一太监）连揪带推，把珍妃推到贞顺门内的井里。珍妃自始至终嚷着要见皇上，最后大声喊：皇上，来世再报恩啦！我敢说，这是老太后深思熟虑要除掉珍妃，并不是在逃跑前匆匆忙忙，一生气下令把珍妃推下井的。回想起来，很佩服25岁的珍妃，说出话来比刀子都锋利，死到临头，一点儿也不打战——我罪不该死！皇上没让我死！你们爱逃不逃，但皇帝不应该跑！——这三句话说得多在理，噎得老太后一句也回答不上来，只能耍蛮。冷宫里关了三年之久的人，能说出这样的话，真是了不起。

　　细想此事，怎么也想象不出，一个人怎么能这么毒，另一个人怎么能这么弱，而一个生死由不得自己的女子，竟能这么刚烈。

距离珍妃井不太远的地方，东六宫之一承乾宫的院子里，有一口井也死过人。乾隆五十三年（1788）三月十六日，承乾宫宫女奉命"寻找宫女五妞不见"，报告太监至各处寻找，寻至井边，见棉袄一件、女鞋一双，疑五妞投井。总管太监传来石匠，撬开井口，打捞出五妞尸体。又传来验尸婆，验得17岁的五妞浑身上下木器伤累累，认定"五妞受责后投井身死"。宫中无小事，何况死了人也不是小事，即奏报皇帝，乾隆皇帝在折子上写了三个字：知道了。

死人的事是大事，也是小事，就看死的是谁，是谁让谁死。皇帝的女人多，伺候皇帝的女人们的宫女也多，大概没有一个没挨过打的。碰上如慈禧太后一样歹毒的主管、主人，受不了皮肉之苦，受不了屈辱，如五妞一样，只有一死。

多少年过去了，死了珍妃的井叫珍妃井，死了宫女的井，应该也有个名字，叫五妞井，或者叫宫女井，但一直没人这样叫，也没多少人知道。同样是皇宫里死过年轻女子的井，死皇帝妃子的井大有名，死小宫女的井却没有名，仿佛连井也势利。

四 重新发现故宫

每个人都有一双发现的眼睛。
用你的眼睛,发现你的故宫。

"人"形大屋顶

故宫留给人们最鲜亮的印象，莫过于金黄色的大屋顶。尤其是站在高处，比如行走在故宫的城墙上，或者站在故宫北的景山上看的时候，给你最大视觉冲击的，除了连绵铺排的黄色大屋顶，还是连绵铺排的黄色大屋顶。蓝天白云下，金灿灿的琉璃瓦顶错落起伏，烁金浮光，辉煌无限。

看着一大片又一大片屋顶上流畅清晰的一条条黄色的瓦脊瓦沟，有时还会看见修缮的工人在这瓦脊瓦沟间弯腰劳作，就会想起流传在民间的一个牧民和农民的故事：春天，牧民看见农民把种子下到垄沟里，不久，垄沟里长出了青青的小苗；秋天，牧民惊讶地发现，成熟了的庄稼都跑到了垄脊上，于是，牧民对农民有如此的"法力"佩服得不得了。

每想到这个故事，总觉得由一条条瓦脊瓦沟连绵起来的古代建筑的大屋顶，与农民的耕种很有些相似。在建造故宫的那些日子里，泥瓦匠们在中国最大、最集中、最铺排的屋顶上敷泥铺瓦，不正像农民们在春天的黄土地上起垄播种吗？可以让劳作的人们在瓦垄间行走的中国式大屋顶，它的基本结构模式，正是一个个的"人"字形。

穴居时代，先民们居住地窝子的时代，居住窝棚的时代，在地面以上建造起来的遮风避雨的部分，就是"人"字形的。

还有离开地面的"干阑"式建筑，再后来有连接地面又超越地面的高台式建筑，这些建筑的屋顶也多是"人"字形的。发展到皇帝的宫殿这样的大屋顶，"人"字形就更加明显了。

故宫的屋顶，几乎囊括了中国古代建筑的屋顶种类。按照重要程度和使用者的等级，分为重檐庑殿顶、庑殿顶、四角攒尖顶、重檐歇山顶、歇山顶、悬山顶、硬山顶、卷棚悬山顶、卷棚硬山顶，应有尽有。不管有多少种类，它们共同的特征，是"人"字形的排列组合与互动，不论从正面看，从侧面看，还是从正、侧面间的檐角方向看，一层一"人"，双层双"人"，多层多"人"。正脊两侧对应的长长的瓦垄组成的也是"人"。整齐的瓦垄的排列，就是整齐的"人"的排

在建福宫延春阁最高处看后宫区

列。数不清的"人"的连接,就是数不清的"人"手牵手的连接,连接成一个又一个大大的屋顶。

《周礼·考工记》里是这样记的:"上尊宇卑,则吐水急而溜远。"高顶处陡峭,檐沿处和缓,雨水落下来便可冲得更急更远,有利于保护屋顶,保护房屋的木结构。翘起来的檐还可以让更多的光洒进来,延长日照时间,使屋子里更亮堂。

讲究实用的大屋顶虽然不是艺术品,可是,让人看起来却艺术得不得了。有人说:弯弯的大屋顶好看极了,简直是一顶"瑰丽的冠冕"。早在《诗经》里,就有"如鸟斯革""如翚斯飞"的诗句,形容和歌咏如鸟儿张开了翅膀欲飞欲升的大

屋顶。念着这些诗句,看着紫禁城的大屋顶,觉得《诗经》里的描绘真的形象极了、生动极了:排列整齐的、数不清的、长长的瓦垄,从高高的正脊两侧瀑布般倾泻,四个檐角突然向上反翘,庄重的大屋顶一下子变得生动起来,沉重的大屋顶仿佛要飘扬起来、飞舞起来。故宫中所有的大屋顶不只侧面是"人"形,檐角也是"人"形,是正在飞翔的"人"。在"人"的交会处有大小数量不等的脊兽,不论从正面看还是从侧面看,一队队脊兽带领着一座座殿堂,一派欲升欲飞的气势。

沉重的大屋顶飘然欲飞,寄托着人们的美好愿望和浪漫想象。屋顶是人的创造,本愿是遮风挡雨,防寒避暑,护佑生民,但是同时屋顶遮盖了下面发生的所有好的、坏的事情。站在高处望过去,如此巨大无比的故宫,被连绵铺排的黄色大屋顶覆盖得严严实实。有谁真正知道旧日的大屋顶下的生与死,乐与苦,荣与辱,治与乱,繁华与衰败,喧嚣与冷落?

同样在皇宫里,同样的"人"形结构,所有的宫殿房屋,一定要用形态、大小、宽窄、高矮,区分出鲜明的等级;大片大片伸展的大屋顶,本可以把一个又一个自成格局、相互隔膜的院落连接起来,然而,屋顶间最接近的檐角之间,却处处是"钩心斗角",连灵动的一个个、一队队脊兽的相守相望,也变成了怒目相视。齐齐整整地排列在飞檐最前面,浮雕着飞龙的数不清的瓦当滴水,飞檐下隆重的斗拱,绚丽的彩色画廊,反将大屋顶装饰得更加寂寞。

脊兽大世界

站在太和殿广场仰望，高踞于层层叠叠的汉白玉三台之上的太和殿确有高入云天之势，而最先触摸云天的是那条长长的、直直的、高高的太和殿正脊，以及正脊两端昂首云天的"吞脊兽"，大多数人更愿意把它们叫作"大吻"。可是，任凭你怎么想，也想象不出来那大吻到底有多大。自从康熙三十六年（1697）重新建成太和殿，它们就纹丝不动地在这个位置上值守了300多年，没人惊扰过它们，连靠近也不可能。直到2007年大修太和殿时，才把它们从与天相接的地方请到地面上来，我们才有可能近距离地看清楚这个由13块琉璃构件组成、高达3.4米、重达4.3吨的庞然大物。

关于大吻的说法不止一种。有说由鸱尾演变而来，说海中有鱼，虬尾似鸱，激浪即降雨。有说为"龙生九子"之一，好登高瞭望，能降雨防火。老百姓的说法则简单明了——统统把这些屋脊之吻叫作"兽头"。给皇帝盖房子的百姓更关心这些兽头的实用价值，因为它们位于屋顶屋脊、坡面、飞檐的连接处，起着固定、排水的重要作用。不过，工匠们的聪明之处在于即使为着实用，也一定要做得好看。实用与好看的结合，使脊兽成为传统建筑中不可缺少的最显眼、最鲜活的构件，故宫中自然也不例外。

虽说实用又好看,但脊兽安置的数量、大小并不仅仅由此而定。皇帝的宫殿一定要讲究等级。太和殿的大吻肯定是最大的。其他宫殿檐角兽的数量为1至9个,而太和殿则有10个。加上最前面的仙人骑鸡和断后的龙首,一共是12个,最多且唯一。

想想算算:故宫里近百组建筑群落,近千座单体建筑,近万间房屋,每个屋顶上都有大小数量不等的脊兽,如太和殿共有50个,城墙四角的每个角楼有230个——那么整个故宫到底有多少脊兽?谁也没数过,上万个总是有的吧。宫殿的屋顶成了脊兽的世界。

成千上万的脊兽虽然有些雷同,但丝毫不影响它们组成壮观的阵势。站在景山上,站在午门、神武门城楼上,站在四围的城墙上,首先跳跃进视野里的就是无处不有的脊兽;穿行在一条又一条宽宽窄窄的通道间、一座又一座大大小小的院落里,随时可见飞檐翘角上排列守望着的脊兽。

成千上万只宫殿的"兽头",不仅使庄严凝重的故宫灵气活现,更给了所有注意到这些脊兽的人们以特别的感觉。最让人惊讶的是当夜幕降临,一切都朦胧和隐藏于黑暗的时候,却是这些脊兽们最突出、最神气的时候。任何一点光亮都可以从它们的缝隙中漏过去,只需要一点点天光就能剪出它们清晰的影子,朦胧的月光更能把它们带入梦幻之境。薄云与月亮在宫殿之间的夹缝中慢慢游走,在大吻的后面、在一重重的飞檐翘角的后面、在神气地站在飞檐翘角上的走兽们的后面游走。从很容易选择到的一个合适的角度看过去,便看见了"天狗吃月亮"的奇异情景。脊兽们其实并不需要月亮的陪伴，也不需要月光的修饰。月亮落下去了，故宫睡了，唯独它们醒着，睁着明亮的眼睛站在各自的位置上，如守夜的猫头鹰一样，随时准备唤醒沉睡的旧日宫殿。

当萧瑟的风刮遍故宫每一个角落的时候；当凛冽的风撞击在高墙上然后从幽深的夹道间呼啸而过的时候；当枯叶衰草在屋瓦间院落里随风零落的时候；当纷纷扬扬的大雪降临故宫，大朵大朵的雪花在大片大片的屋顶上盘旋，然后严严实实地覆盖了故宫的时候；当故宫突遭电闪雷鸣袭击、疾风暴雨冲刷，或在连日不开的霏霏阴雨中不停地哭泣的时候，成千上万只脊兽却更加精神抖擞，一个个挺胸昂首，目光炯炯，列队齐整，不退不避，镇定自若，仿佛那风、那雪、那雨是从它们那儿生发出来的、受它们指挥着的、照它们的意愿到处奔窜似的。

这些被皇帝们奉为神物的通天接地的大吻，和大吻一样定居在屋顶上的数不清的脊兽，到底是谁造就了它们？依我看来，最早的创造灵感来自山野、田间、村舍。远远的山岩上蹲着的野兽，冬日的山坡上散漫的牛羊，落尽叶子的树枝上的鸟，在刚刚苏醒过来的黄土地上劳作的农人，鸟儿落在房顶上，猫儿爬在屋檐上——这些几乎天天见得着的景象，慢慢地便凝固在一个又一个屋顶上了。也许花样太多，难用一个确切的名称，便一律叫它们"兽头"了。再后来，这些兽头便凝固在戏台的屋顶上，祠堂的屋顶上，庙宇的屋顶上，宫殿的屋顶上。

一旦定位于殿堂之上，规制也就跟着来了。民间的生动变调为官府皇家的威势。有些兽头只有皇帝的宫殿才准许使用。即便是皇宫，宫殿的等级不同，兽头的大小、数量、装置方式也各不相同。本来从自然中来的形象，到了帝王那里，就加了些天道、人道的说法。皇帝是天子，皇帝的宫殿是天子的宫殿，天子的宫殿上的兽头叫大吻，皇帝迎回来的大吻坐落在最高级别的太和殿上，是天下最大、最尊贵、最威严的兽头，上承天，下通地，是天地与皇帝天人合一的天地之"吻"。

不过，当这些帝王的说法渐渐褪色之后，在后来的人们看来，故宫宫殿上面成千上万的脊兽，不管怎么看，不管什么时候看，的确很美。

扭曲的古柏

一场大雪压断了故宫御花园里的不少树枝,有人拣出一根杯口粗的柏树枝,数数年轮,足足160年。御花园里,紫禁城中,碗口粗、桶口粗、一人合抱、两人合抱的古树老枝有的是。

乾隆年间的《日下旧闻考》记:御花园内珍石罗布,嘉木葱郁,又有古柏藤萝,皆数百年物。现在御花园的古柏藤萝在东侧的万春亭北,不知从什么时候开始,枯死了的或者老死了的连理古柏枝干,被年年嫩绿一回的藤萝攀援缠绕。

可以确切算出时间来的,是古柏藤萝的北边,摛藻堂与堆秀山之间的一株古柏。据乾隆皇帝自己说,他在下江南的船上做了一个梦,梦见御花园里的这株柏树一路跟着他,江南太阳如火,这柏树就站出来为他遮阴。回宫后乾隆皇帝特地到御花园看望了这株柏树,并亲封此柏为"遮阴侯",还写了一首诗:"摛藻堂边一株柏,根盘厚地枝拏天。八千春秋仅传说,厥寿少当四百年。……"并御笔行草刻于摛藻堂西山墙的石面上,时在乾隆十四年(1749)。从那时至今,又过了270多年,就按400年加270年算,这棵柏树至少670多岁,可知这"遮阴侯"是元朝的遗老了。想想这地方曾是元皇宫的区域,它们比故宫还要苍老许多也在情理之中。

按照现在对列入文物级古树名木的挂牌保护管理办法，故宫里年龄300年以上挂红牌的一级古树105棵，年龄100年以上挂绿牌的二级古树343棵，其中柏树最多，依次为松、槐。松柏除了有长寿常青的寓意，柏树还含"百子"音、意周代朝廷植三槐、以"三槐"代"三公"（三种最高官职）。御花园里的龙爪槐正好是三棵，最大最老的那棵，主干周长达1.63米，树龄少说也在500年以上。虽说只有3米高，但盘结如盖、老态龙钟的枝干缀满绿叶，年年槐荫罩地。

坤宁门朝着御花园的两侧，各有楸树一株卧在土里。树不高，可根部已经非常非常老了。传说是清朝的皇帝从东北老家移来的。此后，皇帝征战各处，凡胜，必带当地土回宫，培于树下，土堆便越来越高，楸树反而显得矮了，但地位却更高了。

御花园里有名的绛雪轩，则是因轩前的五株古海棠而得名的。乾隆为此写诗多首。写于三十二年（1767）的《绛雪轩》中有这样的诗句："绛雪百年轩，五株峙禁园。"算来这古海棠至迟康熙初年就有了。确实也有记载，康熙春日赐宴于内苑，就曾"观花于绛雪，玉树临风"。花苞如胭，花开如脂，花飞如雪，的确是喝酒、吟诗的好景致。

可惜这样的好景致早已消失了。现在正对绛雪轩的，不是"丹砂炼就笑颜微"的香雪海，而变成一丛不怎么惹眼的灌木太平花了，虽然在春末夏初的和风里，倒也能开出一堆素雅的小白花，不过气势可就差多了。可宫里的人却很看重，把太平花称作"瑞圣花"，甚至把宫廷的命运与它们联结在一起：花若开得繁盛，天下就祥和太平。被英法联军抢了烧了的圆明园，废墟间竟有太平花开放，光绪皇帝专陪慈禧太后去观赏，群臣聚会赋诗，以为大清国就要"复兴"了。1911年，御花园里的太平花开得格外繁茂，紫禁城里的最后一位皇太后高兴得不得了。可是没过多久，她就得为6岁的末代皇帝签发"退位诏书"。

　　常常看见人们欢欢喜喜地在御花园里一株又一株"连理柏"前照相留影。其实，帝王们并不关心"在天愿作比翼鸟，在地愿为连理枝"的世俗意愿，他们关注的是史籍中"王者德化洽，八方合一家，则木连理"的记载，相信的是"木同木异枝，其君有庆"的说法。于是，下边的人为了迎合上意，便用人为扭曲的强制手段造出天示的祥瑞来——钦安殿前的"连理柏"，是把分植的两株从上面拧在一起的；万春亭旁的"连理柏"，是把一株从中间劈开分植两处，让上边仍连着。那拧起来的结，那劈开的伤痕，不管过去了多少年，仍显露得清清楚楚。

　　人们更惊奇御花园里一株又一株古老的松柏的躯干上为什么布满那么多瘤状物而凹凸不平？这些扭曲和苍老的生命不管仍然枝繁叶茂还是已经枯干沉寂，都依然顽强挺立。人们之所以对它们肃然起敬，是因为它们看遍了紫禁城里的皇帝们一个个怎样地走来，一个个又怎样地离去，看遍了发生在紫禁城里的一个个可以理解和无法理解的故事……而当狂风大作、黑云压向故宫之时，人们抬头看见那些铁似的黑黑的枝干不屈不挠、清晰坚韧地向阴云密布的天空刺去的时候，就更加敬畏这些生生死死的生命。

重重复重重

延续几千年的帝制结构是家国一体。皇帝们都说：天下是我的，是我家的。老百姓看得清楚，知道明朝的天下是朱家的，清朝的天下是爱新觉罗家的。紫禁城既是天下最大的一座皇宫，也是天下最大的一个皇家大院。

天下最大最大的皇家大院是由天下最小最小的农家小院演化而来的。在世界建筑文化中极具特色的中国院落构成，其实是中国的家族伦理构成。这样的构成从遥远时代的小小的茅草屋子就开始了。再简单的屋子也会选择背风临水向阳的地方搭建。只要能分出几个隔断来（一般三间一组），一定是中间为堂，长者居左（向阳的房子，阳光先从那边过来）。有能力的话，东西两面、南面，或左右两面、对面也建起房屋，这样便围成一座小院子。没能力的起码也是北面建房，其余三面围墙，还是围成一个院子。长者肯定居北居正。如果更有能力更有实力建更多更大的房子，以长者——一家之主为核心，纵向深入，横向扩展，区域、功能的划分便越来越细。大门边是看家护院的用人。大门进去有二门，正门旁边有侧门，前后院落之间有后门、边门。前面的院子待客议事用餐，后面的院子分别居住。一夫可以多妻，于是有正房有偏房，还可以发展到东院西院、前院后院。妇女儿童不得随意出入，于是最里边有小姐的绣楼，最后边有游乐的花园。儿子多了、大了不方便，就近另立门户、另起院落，如法再建一个院子又一个院子。一座座院子组成一个个村落。家有贫富，房有高矮，院有大小，道理是一样的。自古以来的中国人伦家族文化为中国的建筑文化铺就了鲜明的底色，中国的伦理观念、伦理规则描画出中国古代建筑以院落文化为特色的清晰轮廓，也创造出中国建筑文化独特的审美形态。院落空间也是伦理空间，建筑文化就是院落文化。院落，家族，家天下。小则农家小院，大则皇家大院。

故宫内有占地约16万平方米以上的木构建筑，有大大小小近万间房屋，当我们怀着担心或期待，想象突然看见一眼望不到边的房屋，如大海的波涛涌动在眼前，将会产生怎样的感觉？但是，当进入故宫内部时，却发现在故宫外部获得的那种强烈的整体感并没有立即减弱。因为我们看到的不是星罗棋布、无边无际的散漫。故宫迎接我们的是开阔的广场，整齐的红墙，整齐的红墙间的一条条笔直的通道。近万间房屋就是被这样的红墙和通道，围合和分割成近百座大小不等的齐整的院落。

尽管一座座房子是独立的、一处处院子是独立的，看起来它们都自在稳当地守在各自的位置上，但它们分明是整体的故宫中的一部分。局部的独立，组成了整体的独立。如果那个地方没有了它们，故宫严密和谐的整体性就会受到严重的破坏。当我们惊异并寻找故宫如何智慧地处理整体独立与局部独立的关系的时候，我们发现整体的大院与局部的中院、小院之间的关系是既各自独立又相互依存的。但各自独立绝对服从于相互依存。相互依存则由分明的主次关系、清晰的主从关系——所谓的人伦关系——决定。于是，各自的独立，统一于整体的独立之中；内部的独立，统一于外部的独立之中；各自的个性，统一于整体的共性之中。于是，我们在故宫中行走，从一座门进入另一座门，从一个院落进入另一个院落，从一组建筑进入另一组建筑，从一个区域进入另一个区域，便有了那种既觉得宏伟，又觉得精致；既觉得庄严，又觉得生动；既觉得严谨，又觉得灵活的特殊感觉。

以人伦为核心的网络结构，以庭院为基本单元的群体组合，形成中国古代建筑的一大特色：不是直指云天的向上发展，而是平面延伸的向外扩展。单体与院落的复制、扩散、延伸、变形，形成单体与整体、局部与全局在统一中的变化、变化中的统一。平铺直叙在空间序列上具有无限扩张的可能性。这一可能使得中国的建筑虽然没有耸立挺拔的气势，却有由方正与规则、想象力与意志力、财力与物力等组织而成的整体视觉中的舒展恢宏、雍容大度。当我们走进故宫内部，顺着红墙规范和指引的一条条通道，走进走出一座座院落的时候，我们又深深感受到，在宏伟的故宫中，单体建筑之间、院落之间、区域之间、群体之间的联系、过渡与转换，又是一个极其复杂丰富的体系。一处又一处，一进又一进，一层又一层，庭院深深的精致与婉约，就这样被轻松地包裹在宏大的故宫里，吸引着我们从雄伟与辉煌中，寻找细小的隐蔽与神秘。

丰富复杂的景观尽在其中，但绝不是一下子显示出来的，也绝不是一眼就看得清楚的。如果不是对故宫了如指掌,就算是进去过三次五次,随意走在任何一个地方,也很难弄清楚旁边还有什么,里边还有什么,只知道另一边还有房子,还有院子;只知道其间弥漫着许许多多君臣、父子、兄弟、夫妇的故事;只知道从上看、从外看、从旁看的整体一统之中,有撕扯不清的内部的纠结分散、复杂混乱、各自为政;只知道有外之内,内之外,上之下,下之上——这里的一切,家天下中的一切,家国天下中的一切,都在可穷究与不可穷究之间,一如庞大无比的皇家大院小院,足以使所有来去匆匆的过客,深深感触到"无奈"二字的确切含义。

然而,帝王们绝不会产生"无奈"之感。因为帝王们掌握着主从分明、条理清晰、繁而不乱、维护稳定的秘诀。这就是紫禁城,包括皇城、都城在内的以中轴为纲,以太和殿、中和殿、保和殿,以乾清宫、交泰殿、坤宁宫为核心的轴心对称结构形成和体现的秩序与平衡。

中国的帝王们就是这样将古老的文化哲学运用于营建天子的宫殿,运用于以建筑形体将帝王体制、权力等级、高低贵贱,异常鲜明地区别划分、造型塑形,达到强化和固定化的目的,亦即以建筑之形态、礼制之实质,规定、强制、约束、控制所有人,包括皇帝,从而自然流畅地实现传统文化、建筑理念、政治需求、审美效果的互动与置换。

故宫建筑所产生的效果的确非同一般。有了轴线,有了核心,才有对称;有了对称,才更突显出轴线与核心的至上至尊的位置。有了对称才有方方正正、平平稳稳。不论从外看,还是从内看,故宫都是极为方正的。方正的城墙、宫墙、院墙,方正的道路,方正的院落,方正的房屋。个体的方正，群落的方正，集合出整体的方正。有方正才显示出规矩，才显示出秩序，才有平衡，才有看上去的形式上的四平八稳，不偏不倚，均衡公允，雍容大度。更主要的，有了轴心对称，便有了主从感，依存感，排序感，方位、方向感，严整、严正、肃穆感，奉迎、恭敬、回避、退让感。但这一切丝毫不影响视觉效果，反而使得视觉效果出奇得好。

无论大小，无论高矮，无论宽窄，无论扩展铺排到多大的范围，因为有中轴引领，有核心定位，有对称，有方正，有均衡，有秩序，所以，我们在故宫中看见的所有建筑，在那么庞大的建筑群中看到的所有建筑，便总是井井有条、整整齐齐、安安稳稳、平平静静，即便内里有天大的事滋生着，看上去也好像无事一样。

栏杆梦断

在宏大的故宫建筑中,具有礼仪式的审美作用,并且有独立的装饰观赏价值的,是那些数不清的栏杆。可以说,故宫建筑把中国的栏杆艺术发挥到了极致。

最好看的是和蜿蜒的金水河融合在一起的栏杆。任何人经过天安门,都会觉得天安门前一座座金水桥拱形桥面上的一排排白色的石栏杆真是漂亮极了。可是,一旦穿过午门,立刻惊讶不已:原来更漂亮的河、更漂亮的桥、更漂亮的栏杆,在故宫里面。如果遇上蓝天白云的好天气,所有走过内金水河上白色石桥的人都会惊喜地发现:洁白的栏杆漂在水里、飘在天上,在蓝天白云的波动间隐现出没。由西向东漂过宽阔的太和门广场的委婉的金水河,就这样始终被委婉的洁白的栏杆上上下下、水里水外地护卫着。正是由于栏杆的呵护与提升,委婉的金水河才有了漂动起来的姿势。

漂动着的金水河上的五座金水桥是太和门广场上栏杆最集中的地方,远远望过去,那里隆起了一片白色的石林,白色的石林牵引着正前方太和门前白色的栏杆,牵引着太和门两侧昭德门、贞度门前白色的栏杆,牵引着西北角、东北角白色的栏杆,牵引着西面的熙和门、东面的协和门前的白色的栏杆——被四面的红墙、红门、红窗和黄色大屋顶圈起来的方方正正的数万平方米太和门广场,就这样被那么多白色的石栏杆牵引着与金水河一起漂动起来了。

最壮观的是将太和殿、中和殿、保和殿高高地托举起来的层层叠叠的三台栏杆。如果说金水河畔的栏杆因临水而分外灵动,那么与台基融为一体的三台栏杆,则因靠土而无比庄重。

通体精雕细刻、充满神圣气象的三重须弥座高台,已经足以奠定故宫中最大宫殿至高无上的地位了;围绕三重须弥座,层层叠叠的三台石栏杆,簇拥着、装饰着这座超稳定的"土"字形高台,加上那些蓬勃生长着的云龙云凤望柱的环护,更让天子的宫殿稳稳地矗立于超凡脱俗的境界之中。

数千根望柱雕云雕龙雕凤,层层升高,数千个龙头从望柱旁伸出,数千块栏板云头飘忽。栏杆上有云翻卷,云中有龙腾跃、凤飞翔,青铜香炉有香烟飘扬缭绕,整个儿把天子的宫殿缥缈成天上的玉宇琼楼。

且不说成千上万的雕栏玉砌烘托着的是天下最高大、最壮观的宫殿,任何人、任何时候从任何一个方向和角度,不论近距离观看,还是远距离眺望,弥漫开来又聚拢起来的纯洁的栏杆世界之上的任何存在,都会使观望者从心中升起莫名的敬畏之感、至尊之感、神圣之感。

故宫中三大殿的台基无疑是最大、最高的,周围的栏杆无疑是最多的,其余重要的建筑,如乾清宫、交泰殿、坤宁宫、钦安殿、文华殿、武英殿、奉先殿、皇极殿、慈宁宫、寿康宫等,还有太和门、乾清门等,统统建立在高低不等的台基上,统统有数量不等的栏杆护卫着。高台和栏杆早已成为识别和欣赏重要建筑的导引和标志。在故宫重要的区域,几乎到处都能看到它们俊俏端庄的身影。

栏杆作为建筑组合中的组成部分,并不是必要的,但有时候,在有些位置上却是最重要的。因此,栏杆往往承担起独立、出色的建筑语言角色。它们独立凌虚的空间形象,排列组合的群体效应,总能给单调的空间增加丰富的活力,在规整的环境中焕发勃勃的生机。就说色彩吧,那种温润的白,在故宫大红大黄主宰的色彩世界里,却白得出色。还有声音,走近那些与金水河相伴相生的临水栏杆,仿佛看见琴的弦,琴的钮,听见琴的声音融入流水。走近那些与高台相拥相长的朝天栏杆,仿佛看见无数的笙管齐鸣,听见雄壮整齐的奏鸣曲直入云天。尤其在日落人静时分,天籁与栏杆之音浑然天成。

走在故宫里,面对壮丽无比的宫殿群,自然令人神往;可是,当你看到那些洁白的汉白玉栏杆的时候,竟然眼睛一亮——最引人注目的是它们。栏杆是方正的故宫里的委婉,庄严的故宫里的灵动,大红大黄的故宫里的纯净。或者说,它们的委婉使故宫更加方正,它们的灵动使故宫更加庄严,它们的纯净使故宫更加艳丽。

一看到这样的栏杆,就会想到倚栏、抚栏、栏杆拍遍的古诗古词。然而,故宫里的栏杆,可不是用来倚、用来抚的,更不是用来拍的。仅故宫中的石质栏杆接连起来,就足有好几公里长,不用说拍遍了,数清都不容易。皇帝的栏杆,别人不能也不敢拍。世界上数量最多、材质最好、雕刻最美的汉白玉栏杆,在皇帝的时代,其实是最寂寞的。

四 重新发现故宫

琉璃花开

故宫是琉璃的世界,那些琉璃放射着黄色的光芒。退回到100年前,北京城到处都是灰色平房的时候,故宫是灰色的波涛中浮动着的一座金黄色的宫殿。再往前,600多年前,朱棣建成紫禁城后站在万岁山顶上四下张望,他一定觉得他的紫禁城是一座缥缈在苍茫的灰色大海中的金色的海市蜃楼。多少年过去了,我们在高处依然能够看到在太阳照耀下恍恍惚惚浮动着的金黄色的光芒,这是那些被琉璃覆盖的连绵铺排的大屋顶放射出来的。其实,不只是参差错落的大屋顶,从午门往里走,我们会看见在这座金碧辉煌的宫城中,到处盛开着琉璃的花朵,越往里越多,越往里越"花"。

也许是从安全的角度考虑,或者是为了营造庄严肃穆的皇家氛围,除了几处花园,不论前朝还是后宫,故宫似乎不允许花草树木自由生长。不仅不准植树栽花养草,即便是建筑,这个殿那个宫,皇家规制下的造型色彩也不允许随心所欲、花样百出,那么,在覆盖着所有屋顶的琉璃上做文章就是最佳的选择了。

那个时候,单从建筑材料看,尊贵高档又实行专造、专供的,非琉璃莫属;从装饰功能、造型取意,以及光亮新鲜、经得起风吹雨淋的特色看,亦非琉璃莫属;再从施工便利、绝对保证皇帝工程的优质高效考量，还是非琉璃莫属——不管多大面积、多复杂的形状、多丰富的色彩，均可分解为一块一块的构件，制坯、着色、上釉，一并烧制而成，运往现场拼接组装，方便快捷。

整座故宫到底用了多少琉璃构件，到底有多少人为故宫制作琉璃构件，恐怕怎么想也不过分。故宫偏西南不远处的琉璃厂，从明朝一直叫到现在，因为那里是永乐皇帝建造紫禁城的琉璃生产基地。紫禁城建成了，历朝历代的修修补补也离不开琉璃厂。乾隆皇帝大概觉得这个地方离他的宫殿太近了，怕烧制琉璃的浓烟污染了明净的蓝天，刺鼻的气味影响了子孙们的胃口，于是他下令将琉璃生产基地迁移到京城西郊门头沟。现在那个地方有一个村庄叫琉璃渠村。几百年来，琉璃厂、琉璃渠的泥土就这样源源不断地变成了数不清的黄的瓦、黄的砖，还有绿的、蓝的、紫的、黑的各式各样形状的瓦和砖，川流不息地输送进紫禁城，整齐地排列到皇帝的屋顶上，巧妙地安置在皇帝的屋脊、屋角、屋檐、墙脊上，灵活地砌贴在皇帝的门楼、门脸、墙面上。

太和殿的槛墙上，琉璃砖拼成龟背锦。重要宫殿的门旁边，琉璃砖装饰出五花山墙。琉璃九龙壁应当是故宫中最豪华、显赫、威风凛凛的墙壁了。9条造型、色彩各异的巨龙，连同墙脊上的11条，共20条蛟龙腾跃在波涛翻滚、礁石海花海树突立的大海中。据说琉璃烧制工艺中的兑色、配色是最具技术难度的，有此绝技完全有可能赢得为皇家专造的权利而发家致富。身怀绝技的掌门人每当配料之时，便会登上高台以示高超，实际是害怕他人看取，并且，这样的技艺是只传儿子不传女儿的。就在已经处于垄断地位的琉璃马家为乾隆皇帝组装九龙壁的时候,意外的事件发生了。其中一条龙身上的一块构件摔成了碎片,重新配色烧制绝来不及,延期改期万不可能,只能冒犯欺君大罪之险,秘密选一块木料雕刻配色应急。精明挑剔的乾隆皇帝,验收时居然没有察觉,足见造假技艺之高超。然而,假的毕竟是假的,最终逃不过时间的挑剔,现在,只要知道这个故事,谁都能从那条琉璃龙身上找出那块作假的木头构件。

在故宫里,开得最旺、最盛,一年四季、每时每刻、风雪无阻、永开不败的,正是各式各样的琉璃花。御花园里绛雪轩前的大花坛是用琉璃花砌成的;宁寿宫区乐寿堂后颐和轩前的花坛也是用琉璃花砌成的;乾隆花园符望阁前的碧螺亭上的宝顶,是琉璃烧制的冰裂梅,冰裂纹上浮雕的梅花枝也是琉璃烧制而成的;乾清门、宁寿门、慈宁门两侧高大宽敞的八字影壁的正中,多种琉璃花草组成大大的花篮;故宫里几乎所有的大小宫门周围,都有琉璃花草盛开蔓延。生长最多的是既寓意多子多福、又高洁清爽的莲花,花朵硕大饱满、高贵富丽的西番莲,也叫大丽花。象征富贵的牡丹,表示安居的菊花,宜男宜寿的石与兰草的组合,期望长久长寿的缠枝卷草,也是随处可以看到的。

让人惊讶的是,这些缺乏创意、寓意流俗的题材,竟然能够与宏大辉煌的建筑协调相处,相映生辉。此中的原因,想来是由图案的精致、比例的适当、色彩的和谐、造型的典雅成全的。好在一般人并不仔细考究其中的寓意,只是浮光掠影地分享感官视觉的愉悦。

窗里窗外

用粗壮的木柱撑起来的宫殿建筑群,由于每座建筑的立面都不承重,因此任何一个立面,都可以由工匠们在规制的范围里,发挥和展现一番造型的技能,皇宫里的窗户,因此而成为大同小异的建筑群中样式比较丰富的部分。

皇帝举行仪式的宫殿,皇帝使用较多的宫殿,其窗户形状的设计,肯定是等级最高的。最高等级中还有等级,不用心观察几乎看不出来。太和、中和、保和三大殿大面积窗户的窗棂,全都是最高级别的三交六椀菱花形状。祭祖的奉先殿、太上皇的皇极殿也是。次一等级的是双交四椀菱花形。永不变化的大红、金黄颜色,永不变化的三交六椀、双交四椀形状,在主要宫殿的窗户上大面积反复铺排,铺排出故宫最炫目的艳丽与辉煌。

除了那些用作庄重活动的重要建筑的窗户一定要营造出至尊庄严的辉煌来,其余大小建筑的窗户在等级的范围之内,在豪华、尊贵、精致的要求下,可以生出不少的花样。东西六宫、南所北所、大小院落、斋堂书房、楼阁亭台间,圆形的、方形的(四方形、六方形、八方形)窗出现了;如意形、灯笼形、双连式灯笼形窗出现了;松形、竹形、梅形窗出现了;描金窗、雕花窗、嵌玉窗、嵌景泰蓝窗、嵌瓷片窗出现了；夹纱窗、双面绣窗、书画贴落窗出现了；堆石窗出现了；玻璃窗出现了；窗棂组成回纹、球纹、乐字纹、寿字纹、福字纹、冰裂纹、竹叶纹出现了——皇家窗户，总是让人感叹装饰的华美，而不大关注甚至忘却了它们通风、采光的实用功能。

故宫中窗户上出现亮堂堂、明晃晃的玻璃，据明确的档案记载，是从雍正年间的养心殿开始的。造办处活计档记，雍正元年（1723）十月初一，养心殿后寝宫"穿堂北边东西安玻璃两块"。突然发现窗外的太阳居然可以使屋子里变得如此明亮，不用开窗就能如此清晰地看见屋子外面的人、院子、房子、屋脊上的天空，皇帝和他身边的人不知会怎样惊讶。他们一定挨个儿地用手指轻轻地触摸那透明的叫作玻璃的东西，否则，他们难以相信真有一块东西挡隔在那里。不过，用不了多久，他们就挑出了玻璃的不少毛病。比如，他们会说，在屋里做的事与在屋外做的事大多数时候是不一样的，况且，每个人都有窥视的心理，在外面的想看清楚里面的，在里面的想看清楚外面的。没玻璃的时候，是怎么也看不见的，除非既不道德又须冒险捅破窗户纸才行；可是，玻璃窗就方便多了，里里外外的窥视就在有意无意间。他们会说，玻璃窗让日光、月光无遮无拦地洒到屋子里，那光色，那感觉，实在不如让绵软的纸过滤后来得无声无息、温柔温暖。他们会说，纸窗户上可以画窗花，可以剪窗纸，在宫殿的槅栅窗户上，臣僚们还可以书诗作画，这些叫作"贴落"的创作，能够近距离让皇帝不止一次地看到，说不定哪一位的才华就横溢得被皇帝发现了。比如，他们还会说，日光、月光将松、竹、梅等花草树木的影子投到窗户纸上，那是怎样的疏影斑驳、情趣无限……

也许这些理由很有说服力，也许皇帝们不愿意让自己的紫禁城过分奢侈（那时候玻璃的价格十分昂贵，一平方米的价钱相当于一间五檩瓦房的价钱）。在玻璃传入中国的早期，雍正、乾隆时期，他们只挑选日常起居或休闲娱乐的少数宫殿窗户中的几个小小方框，安上小块玻璃，其余仍然保持纸糊的传统。三大殿大铺大排的红彤彤的窗户上，始终没有允许大块的玻璃出现。

故宫的窗户，完整地保留着中国传统建筑的传统窗户的样貌。这样的窗户在中国人眼里可能并不觉得特别，可是在外国人眼里，简直神奇到不可理解。我同他们讨论过这个问题，他们只能用"梦幻"和"仙境"来表达他们的直觉。这样的感觉突出了故宫窗户的美感。屋里屋外，虽然只是一窗之隔，但这一隔非同一般。白天，外面的光透进来隐约地点亮里面的世界；晚上，里面的光透出去隐约地点亮外面的世界。旭日东升，火红的阳光照耀在大面积的红门红窗上，照耀在红门红窗上的金框金钉上，与粗壮挺拔的大红廊柱一起，红光浮动、金光闪烁，满眼梦幻般的景象；夜幕降临，在故宫广大无边的黑漆漆的夜里，一处又一处殿的窗、宫的窗、大院里的窗和小屋子的窗，有些隐在黑暗中了，有些在黑暗中朦胧隐约地亮起来了。此时此刻，不管中国人还是外国人，除了看到梦幻，看到仙境，还能看到什么？

全彩包装

看见故宫的第一感觉，很难说清楚到底是来自它的形态，还是它的色彩。紫禁红无疑是它的主色调，故宫内所有的墙面，所有的建筑外立面，一律被涂抹成这样的大紫大红。行走其间，触目皆红，说是被笼罩于大紫大红并不为过。再看通道的地面，院落广场的地面，房屋的根基，十几万平方米的室内地面，则是灰色系列：灰白的石，灰的砖，深灰的"金砖"。而倘若站在高处看，又变成满目皆黄了，那就是连绵的金黄色大屋顶。

以紫禁红为主色，红、黄、灰构成故宫的基本色。

故宫的基本色系，正是人们最常见的色彩，也是色彩学里的原色，但被故宫张扬到这样的程度，就使所有看见的人目瞪口呆了。如紫禁红，故宫里所有的墙面，包括一座座宫殿的墙面，统统都涂抹成那么一种红色，并且，延伸至所有的门窗。为什么要把整座故宫装饰成一片红色的海洋？红色与黄色固然有温暖的一面，但是，宫墙如血，当把一道道血与火的色彩，连绵不绝地竖在你面前，你还有那种温暖的感觉吗？当然，现在不管什么时候，走在被重重红色包围的空间里，绝对不会产生恐惧感，因为你周围总有熙熙攘攘的人群，即便空无一人，你也知道你正行走在一个巨大的公共文化空间中，早已不是充满阴暗权术的"宫斗"之地了，满眼的红色，即使红到发紫，你也只会感到热烈热闹，或者和暖宁静。但是，你想过没有，在漫长的500多年的皇宫时代里，在如此红色笼罩的深宫之中，有多少鲜活的生命枯萎冤死在这里？假如穿越到那样的时空里行走，若不是脚下有灰砖可踩，抬头有黄色的屋顶可望，真不知胆战心惊成什么样子。

但是，故宫并不满足只占有这样的色彩。仔细看看故宫中所有建筑的金黄的大屋顶伸出的宽宽长长的屋檐与红彤彤的门窗之间的那些地方，有些部位是永远见不到太阳的，而这样的地方却反而大放异彩——这就是故宫的彩绘，能使最暗淡的地方成为最亮丽、最繁华之处的皇宫的彩绘。

为什么要用这么繁复的油饰彩绘把皇帝的宫殿严严实实地包裹起来？最适用的理由自然是为了保护木构件，更重要的理由当然是极端地显示至尊与荣耀，还有无与伦比的华丽，就像皇帝要穿豪华气派的衣服，皇帝的宫殿也要穿上华丽的衣服。同理，就像皇帝的衣服用料是最贵重的，宫殿彩绘的用料也是最精致、最昂贵的。

故宫的彩绘以青、绿、红、金为主色，其实几乎所有的色彩都用上了。白色的汉白玉底座，红墙、红柱、红门窗，黄黄的屋顶，夹在这些单纯、庄重的色彩之间，那些用遍了各种色彩的花花绿绿的彩绘，花得格外出色、格外亮丽。

好看归好看，好看也必须服从等级。最高等级叫和玺彩绘，以龙凤图案为核心，大面积贴金，庄重、灵动、辉煌，用于故宫中轴线上的大殿及其他帝后出入的殿堂。次一等级的叫旋子彩绘，因基本构图为旋涡状花纹而得名，稳定中有流动

四　重新发现故宫

感,多用于次要的宫殿、配殿、门廊等。再次一等的叫苏式彩绘,因源于苏州地区而得名,布局灵活,题材广泛,山水人物,花鸟鱼虫,用于生活区域及宫廷花园间的亭台楼阁。

本出于等级规制的严格界限划分,及由此形成套路的程式化色彩图案管理,反使得故宫中触目皆是眼花缭乱的花花世界,被组织得层次分明、有条有理;丰富变化中的局部的斑斓色彩与整体的色彩斑斓,被控制得协调和谐、花而不乱。

在宏大的故宫中,不只是屋顶与门窗之间的彩绘,事实上,整座故宫全部被彩绘了。故宫上上下下、内内外外的所有色彩,共同组成一个彩练舞动的色彩缤纷的世界。环绕在故宫四周的宽宽的护城河是光泽粼粼、丝绸般柔软的蓝色彩练;高高的灰色的城墙,城墙上方向外一侧是齐齐整整的堞口,向内一侧是黄色的琉璃砌出的直直的边沿,如灰色的丝练镶上高雅的蕾丝花边;故宫内高高的红墙,红墙上端黄的、绿的琉璃砖瓦组成的连续不断的墙脊;红墙、墙脊夹着的蓝蓝的天空;所有彩绘上方的黄色琉璃大屋顶,所有彩绘下方的红门、红窗与一根根粗大的红柱;排列齐整、密布在一扇扇红色大门上的金色的或黑色的门钉;在红色的墙面上不停地移动变幻着的檐角走兽的黑色的影子……花色、单色、冷色、暖色;轻盈沉静的阴柔之色、稳重强烈的阳刚之色;移动的色彩、变幻的色彩……所有的色彩组合起来、排列开来,形成长长的宽宽的彩练,高低延绵,节奏明快,旋律舒缓地舞动着。

另类建筑

故宫里的房子虽然很多很多，但基本结构是一样的。不过，有三处建筑却完全不同，堪称故宫里的另类建筑。

一处叫浴德堂，在武英殿院内的西北角，从外面看并不引人注目，与旁边的配殿、配房没什么两样，但进去一看，三间殿堂的后面，却是一处意想不到的特殊空间。三间前殿殿堂靠东一侧的后墙上，开有一个券洞门，进门，穿过5米多长的曲尺形券洞，出现在眼前的是一处16平方米的正方形浴室。浴室四周墙体厚达1米以上，券洞与浴室内壁均由白色琉璃砖砌成，浴室四角以"叠涩"砌法挑出变为八角形，上部收缩形成圆形穹隆顶，穹顶正中开一个直径0.6米的通风采光口，上有小圆顶。浴室墙外西北有水井一口，上建井亭，井台高出地面3米，井台北有贮水、引水石槽。浴室墙外正北有一灶间，井水经水槽流入灶间内大铁锅加热，通过铜管导入浴室。浴室下面有地下室，地下室以铁板搭架的室顶与浴室地面分隔。浴室四周1米多厚的墙体和用铁板搭架的地下室可加热保持浴室温度。

浴德堂是故宫里最为神秘的一处建筑。说其神秘，一是因为隐藏在里面的是皇宫中唯一一处具有"异域风格"——阿拉伯浴室特色的建筑；二因其为纯砖结构，无任何木质材

四　重新发现故宫　225

料,内壁所用白色琉璃砖,明清紫禁城建筑材料中均未见记载,而元大都宫殿建筑则多用素白琉璃材料;三则因建筑年代与使用功能不见任何史料记载。以其名称浴德堂论,古人有"澡身而浴德"的说法,以"浴德"名浴室,把清洁身体提升、转化为道德修养,已经超越了实用功能的意义。

使浴德堂更为神秘,并引起人们关注的,是1914年在浴德堂的一次展出。辛亥革命后,逊帝溥仪居后宫,前朝归民国政府内务部管理,1914年成立古物陈列所,武英殿作为陈列室对社会开放,旁边的浴德堂也成为展室。当时从热河行宫运到故宫的文物中,有一张戎装美女油画像,记名为"美人画像"。筹办陈列者就把这幅油画定为乾隆皇帝的回族妃子像,命名为"香妃戎装像",悬挂于很有点儿阿拉伯特色的浴室门楣上,把浴室称作"香妃浴室",又复制画片高价出售,写出《香妃事略》予以宣传。一时之间,香妃故事满天飞。如有这么一种说法:一名回疆首领的妻子天生丽质,中土女子无一可比,而且体有异香,与生俱来,平定回疆叛乱的清朝将领将其作为俘虏带给乾隆皇帝,乾隆皇帝无比喜欢,宠爱有加,封为香妃,为其在紫禁城外建宝月楼,在紫禁城内建了这座香妃浴室。后经考证,这些说法多属以讹传讹。但也并非无风起浪。真实的情况是:乾隆年间平定回疆之乱,有回部首领配合清军平乱立功,应召入京。后来其女被选入宫中,先封贵人,后晋为容嫔、容妃。容妃确实深得乾隆皇帝宠爱,特许其在宫中穿戴回部服饰,用回部膳食,乾隆皇帝南巡,容妃随行,特为其安排羊肚片、炖羊肉。乾隆时建宝月楼,也有其事,但与容妃并无多大关系。已经面向社会开放的古物陈列所展览,拿乾隆皇帝说事,以野史当正史,纯属宫廷式娱乐八卦,用这样的做法吸引公众眼球,足见那时的宫廷题材展览,距博物馆专业水准甚远。

那么,浴德堂到底是做什么用的呢?有说是建紫禁城时特别留下的元宫廷的浴室;有说是按照古代帝王宫殿"左庖右湢①"的礼制建造的供皇帝斋戒沐浴之处,东面的文华殿旁有大庖井,正合此说;有说是皇帝死后沐浴和冷冻尸体之处,因其地下室既可烧火升温,亦可储冰降温;有说是清朝修书之处,所谓"浴室"是用来处理纸张、装潢书籍的作坊,等等。哪种说法对,或还有何种可能,至今仍是谜。

第二处叫宝蕴楼,在武英殿西边,距浴德堂很近。这处院落原叫咸安宫,是进入西华门后看到的第一座宫殿。咸安宫全称咸安宫官学,是一所建在皇宫里的特殊学堂。雍正皇帝创办,宫廷直属,内务府直接管理。咸安宫官学只招收满族贵族子弟,以内务府官员、八旗官员优秀子弟为主,专为清王朝定向培养满族官员,是一座很纯粹的皇族贵族学校。清末停办,三进院落又被大火烧毁,只剩了咸安门空门一座,从外面看,似乎还是一座宫殿,推开门一看,内里已经是废墟一片。辛亥革命后的1913年,负责管辖故宫前半部分的民国政府内务部做出决定,将沈阳故宫、热河避暑山庄的文物集中到北京故宫,以故宫外朝武英殿为筹备处,筹备成立古物陈列所。1914年2月,古物陈列所正式成立。同年,

---

① 庖:厨师;湢:音bì,浴室。

沈阳故宫、热河行宫十几万件文物运抵北京故宫，暂存武英殿。与此同时，选定在武英殿旁的咸安宫官学废址建文物库房。1914年6月开工，1915年6月竣工交付使用。皇帝时代的咸安宫官学，变身为我国博物馆史上第一座专门用于保藏历史文物的大型库房。所建库房为西洋式楼房（地上两层，半地下一层），因所藏为"历代文物之所萃，品类最宏，举凡金石书画，陶瓷珠玉，罔不至珍且奇，极美且备"，故名"宝蕴楼"。

大门还是咸安宫官学时的大门，内里全变了。三进院落的传统格局荡然无存，只见红墙、白窗框、厚墙铁窗、绿灰瓦片屋顶的三座楼房，东、西、北三面环立，北面正楼最高处镌刻"宝蕴楼"三个大字，端庄醒目。站在东楼二层与北楼连接的通道，看看东边的武英殿，望望西边的西华门，宝蕴楼虽然新鲜另类，但并不过分突兀，这自然是设计时考虑到尽可能与周边宫殿协调的结果。如果只是从咸安门门前经过，看见的还是咸安宫官学时的门面，与紫禁城中其他宫殿没什么两样，但里面却是全新的西洋风格。奇异的建筑组合，出自奇异的时代。宝蕴楼作为民国初年的建筑，何况又出自袁世凯麾下，俨然清末洋务遗风——"中学为体，西学为用"。但换一个角度看，古物陈列所的成立，是旧时皇宫转型为新型博物馆迈出的第一步，而在旧式宫殿废墟上新建的西式宝蕴楼，作为古物陈列所的藏品库，则是皇宫文化形态转型为博物馆文化形态的一个鲜亮标志，在博物馆文化的意义上，咸安宫内的宝蕴楼，也算展现出一点"西学为体，中学为用"的新文化面貌。

第三处是延禧宫里的"水晶宫"。延禧宫为东六宫之一，宫门并无特别之处，但是，一跨进大门，忽然疑心自己走错了地方，迎面一座黑褐色金属框架结构高高矗立在院子正中，不看说明牌，简直会质疑：故宫博物院怎么会在这个地方展出现代装置艺术？

延禧宫明初名长寿宫，后改名延祺宫，清朝改称延禧宫，康熙年间重修也未有大的变动。道光二十五年（1845）五月二十二日夜半，延禧宫突发大火。失火原因是，前院东配殿为厨房，两个炉灶安置在南间靠山墙处，墙内有出烟的烟筒，墙壁装有墙板，两灶烟筒年久未修，酥裂变形，以致冒烟熏燃墙板，引起大火。经扑救，火势虽然没有蔓延到东边一带的缎库、茶库等库房，但将近两个时辰的大火，延禧宫前后院正殿、配殿共25间化为灰烬。在此后64年里，延禧宫一直是废墟一片。宣统元年（1909），出现了转机。这时候，住在长春宫里的末代皇太后隆裕太后，做光绪皇帝的皇后时不得宠、不如意，当了小皇帝溥仪的太后，总想仿效姑妈慈禧太后做点儿什么事。其他事学不来，如大修储秀宫那样的事，还是可以做的，也好显示一下自己的存在感，这大概是重建延禧宫的动因吧。隆裕太后还想弄出点儿超过慈禧的新鲜花样，于是，在延禧宫废墟上建一座"水晶宫"的创意出笼了。

隆裕太后不可能有如此别出心裁的想法，但她可以做决定。不知听了谁的主意，也不知请的什么人做设计，有一点是肯定的，出主意的和设计的出过洋，见过欧洲某种水宫殿之类的建筑，或许设计图纸就出自洋人之手。可惜，事不逢时，好不容易有个新奇的想法，很快就因大清帝国的终结半途而废了。从留存到现在的半拉子工程里可以得知，隆裕太后在废墟上修建的是一座三层西洋式水宫殿，四周引水环绕，主楼每层9间，底层四面正中各开一门，围廊连通，楼四角各接3层六角亭一座。整体框架均由铁质构件组成。汉白玉座础、墙基、门廊、柱头敦实稳重，雕刻精致。外墙雕花，内墙贴白色和花色瓷砖。底层铺设玻璃地面，四围玻璃墙夹层中蓄水养鱼，荷藻浮动，游鱼历历。隆裕太后为此题写匾额"灵沼轩"，又称水晶宫。宣统元年，"灵沼轩"开工，二年，隆裕太后下令西苑电灯公所给延禧宫安装电灯、电风扇、电暖炉。所有工程，皆因国库空虚、时局动荡，到宣统三年（1911），尚未完工即终止。1917年，张勋率"辫子军"入京进宫，拥戴12岁的逊帝溥仪于故宫重登皇位，复辟帝制。段祺瑞组织讨逆军，派一架飞机从南苑空军学校机场起飞，飞到故宫上空，扔下三颗炸弹，其中一颗击中延禧宫北部的建筑，吓得溥仪"再也不敢当皇帝了"，而延禧宫则愈发废墟化了。

隆裕太后本想在60多年的废墟上建立一座新颖别致的水晶宫，没想到建立起来的是旧废墟上的新废墟。尽管废墟不断，可延禧宫还是在不断地求新出新。1931年，中华教育文化基金会和中法教育基金会捐款25万元，资助故宫博物院在延禧宫原址修建文物库房。当年6月开工，年底完工。矗立在院子中间的"水晶宫"遗迹仍保留，北面与东西两面建库房。库房为上下二层，内里钢筋水泥结构，外形与周围宫院协调，屋顶也是黄色琉璃瓦，总建筑面积1500平方米，是当时故宫博物院最好的文物库房。库房落成后，院藏珍贵文物多集中于此，后较长时间为书画藏品库房。

延禧宫最新最大的变化，发生在故宫博物院成立80周年院庆之际。2005年10月10日上午，延禧宫举行故宫博物院古书画研究中心、故宫博物院古陶瓷研究中心及古陶瓷检测研究实验室成立大会。古书画研究中心的"十年入藏书画精品展""《清明上河图》专题展"，古陶瓷研究中心的"故宫博物院藏清朝御窑瓷器展""故宫博物院藏中国古代窑址标本展"开展。特别是古陶瓷研究中心，这是故宫博物院老中青几代古陶瓷研究者同心协力、精心筹划、充分准备建立起来的。当采集自百余处古陶瓷窑址的瓷片，等待粘对的陶瓷实物资料，成系列的清朝御窑瓷器，产自美国、法国、德国、荷兰、日本及中国的仪器分析设备，琳琅满目地出现在标本陈列室、观摩室、实验室之时，让所有中外见证者眼前一亮，惊叹不已。我兼任主编的《紫禁城》特别编辑推出一期"古陶瓷研究中心成立特刊"（《紫禁城》2005年第5期）。我在"特刊"前一期的《紫禁城》封底预告中，很兴奋地写了如下的广告词："144个窑址，3万余古陶瓷片，18件古陶瓷孤品，20位客座研究员；最大范围的中国古窑址实地调查，最丰富的中国古陶瓷瓷片标本，最能填补空白的古陶瓷实物资料，最成系列的清朝御窑瓷器，最高端的科技钻研最古老的瓷器，最权威的陶瓷专家评估，最具价值的陶瓷文化资源。"虽为广告，实无半点儿夸饰。

延禧宫的巨大变化，是昔日皇宫转型为现代博物馆的小小缩影。

到故宫看大装置艺术

故宫本身就是一座巨大无比的中国式雕塑，也是一座巨大无比的中国式装置艺术。从上看，从外看，从里看，正看侧看横看，朝晖夕映看，雨天雪天看，都是。因为雕塑或者装置艺术，不论大小，自身之外，它们相互之间的关系以及它们和环境的关系尤为重要。甚至可以这样说，雕塑其实是相互关系的艺术，是环境的艺术，特别是称得上大器而大气的那些雕塑。故宫正是如此。

由外往里看吧。天安门前一对高高的琢狮雕龙的汉白玉华表是不是雕塑？是不是装置艺术？天安门城楼与华表之间一字排开的一溜拱形汉白玉金水桥是不是？巨大的石块铺就的笔直的御道，被600多年的时光、被无数双脚打磨得滑溜溜的直达天子宫殿的御道，同时也是皇城中轴、京城中轴的御道是不是？宽阔的碧波荡漾的护城河与长长的、高高的、被历朝历代的风风雨雨剥蚀得斑斑驳驳的城墙，以及生长在它们之间的嫩黄深绿的宫墙柳，它们之间的不同季节、不同时日的光影变化是不是？高耸在方方正正的故宫城墙四角，用最复杂的斗拱结构组合出最复杂的"九梁十八柱七十二条脊"的多角形角楼，连同鎏金宝顶永远闪烁着的迷人的光亮，日日夜夜将其玲珑的身影交给宽阔的护城河的四座角楼是不是？高高的、厚厚的红色城墙围合着的近万平方米"凹"形午门广场，高高的、厚厚的红色城墙上廊庑相连着的五座城楼——一座正楼、四座方亭楼，被形象地称作五凤楼、雁翅楼的午门组合，在朝晖夕映、月色星光中从不同角度看上去越看越神秘的剪影造型是不是？那些和建筑连接在一起，已是建筑一部分的屋顶昂扬的吻兽，檐角排列有序的脊兽，屋墙上朴素的透风，一字排在屋檐前的瓦当滴水是不是？满铺着整齐有序的门钉与威严有加的铺首组合在一起的一座座各式大门是不是？黄灿灿的琉璃瓦，连绵起伏的大屋顶的铺排就不必说了，大多用来为一道道门做四边装饰的各式各样的琉璃构建是不是？墙面上的琉璃花浮雕是不是？都是用于排水，但造型各异、材质纹饰不同的下水口、出水口是不是？都是用于取水，大体相似、略有区别、散落各处的近百座井亭、井口是不是？

就说地面吧。已经风蚀雨浸、凸凹不平的大面积砖墁广场，来自京郊房山的光滑的汉白玉铺就的通路，来自河北曲阳的坚硬的花岗岩砌成的台阶，宫殿门外铺着的来自河北蓟县（今天津蓟州区）的五彩虎皮石，宫殿门内铺着的来自苏州的亮晶晶的褐色"金砖"——所有这些是不是？

介于实用与装饰之间的深雕浅刻的汉白玉石栏杆，几乎无处不有的云龙大石雕、中石雕、小石雕——它们被集中安置在御道贯通的中轴线上和级别很高的宫殿前，这些最具雕塑特征的设置，好像在刻意提醒人们：你已经进入一个雕塑的世界，你正行进在雕塑的空间中。几乎所有的人都会被精美的、连贯的、永远是那么温暖的汉白玉石栏杆所引导，正如被宽厚的、笔直的、光滑的汉白玉、大青石御道所引导一样,你会因此而知道你走向何处。当你看到层层叠叠的森林般的白色栏杆拥托起金銮宝殿的时候,你会想象,甚至会看见排列在白色森林间的十八尊褐色的鼎式香炉,一起飘浮出缭绕的青烟香气——这大概就是雕塑的特殊意义吧。

在被我看作大装置、大雕塑的故宫中,有不少物体是独立于建筑之外的,我们更有理由把此类有各自鲜明独立性的形体,看作是具有现代雕塑特征的雕塑作品、装置作品。太和门前那对铸造于明朝的青铜狮子,是我国现存最大的古代铜狮子,其材质、工艺,不只在当时,就是现在也称得上是最好的。雕塑者的姓名虽然无从考究,但他或者他们无疑是当时最出色的雕塑艺术家。这样一对天下第一的青铜狮子,理所当然地被安置在天下第一门的太和门前。太和殿前的三台之上,可谓名副其实的雕塑广场:象征国家政权的鼎式香炉,代表时间、空间的日晷,确定计量标准的嘉量,显示皇权、皇帝、国运昌久的龟、鹤,在辉煌壮丽的太和殿前,在开阔平展的殿前平台上,更显出素朴无华的本质。那些到处可见的,纯粹为了防火、用来储水的庞大的鎏金铜缸和铸铁大缸,作为雕塑的视觉冲击力超过其作为实用器的功能性显示。至于御花园里的假山、奇石,本来就是一件件雕塑作品。就连那些不知什么时候死去但依然倔强地挺立着的松柏的枝干,也包含着张扬顽强的生存力及延续生命欲望的强烈雕塑感。

可以举出的例子还有很多很多。故宫中大大小小的任何一样建筑装置,它们之间总是存在这样那样的关系,正因为如此才造就了一座完整严密的大故宫。也正是在这个环境艺术的意义上，我才把它们理解为装置艺术、雕塑艺术。

更重要的是，雕塑是有灵魂有生命的。故宫的灵魂与生命，不仅体现在古代建筑的科学与技艺方面，更体现在中国古代的理念与精神方面。故宫，不论是整体还是局部，无一不与中国古代的哲学思想、伦理观念、文化精神相对应，无一不和中国漫长的帝制、皇权文化相对应。这绝不是任何个人能想到、能做到的，无论多么伟大的雕塑艺术家都做不到。这是我把大故宫看作大器朝天的大雕塑、大装置艺术的根本原因。这样的大雕塑、大装置艺术空前绝后。

到故宫看雨

倾盆大雨突降故宫的情景，如果不是亲眼所见，怎么也想象不到那是怎样的惊心动魄、惊天动地！雨不是从天而降的，是从一座座宫殿的上方，向四面喷洒下来的。瓢泼般的雨水，泼在连绵起伏的大屋顶上，激溅起灰白色的雨雾，笼罩了整座故宫。这时候，在任何一个角落，都会看见云烟、雨雾在一座座宫殿的大屋顶上集聚、涌动、翻腾，笔直的墙脊、屋脊，弯翘的飞檐，大吻、脊兽，各样各色的龙，都在云烟雨雾里时隐时现。你会觉得，云雾雨水，就是从大屋顶上生出来的。雷鸣电闪和翻腾云雨的风，就是那些见首不见尾的龙、脊兽、大吻、螭首生发出来的。看着近万间房屋，数千个屋顶，数万条屋脊屋檐，数十万、上百万的滴水喷洒出的水柱交织成的万檐飞流，数千个昂天的螭首吐出水流的千龙吐水；听着急雨敲打光滑的琉璃瓦的声音，水帘、水柱冲击砖石地面的声音，水流在明槽暗沟间奔窜的声音，风雨交加、雷鸣电闪的声音，你会突然觉得，你看到了古老宫殿的泪雨滂沱，你听到了500多年皇宫的号啕哭泣！

这样的大雨虽然并不多见，此景、此情、此感多少年也难得一遇。但故宫数十万平方米的琉璃屋顶和砖石地面，总计近百万平方米的范围，突然大雨倾盆，刹那间会汇聚起多少雨水？不必担心。故宫的规划设计者预设了规范、严密、实用的快速排水系统，再大的雨水也能容得下、排得出。

急风暴雨撼动不了固若金汤的故宫，也不可能给故宫留下什么明显的痕迹，只会将辉煌的琉璃大屋顶冲刷得更加灿烂，将灰砖、青石、汉白玉冲刷得更加清爽。倒是那些比较常见的阴雨绵绵，那些不经意间慢慢飘洒的凄风苦雨，一点一滴地销蚀着故宫的角角落落。

天不知道什么时候阴沉起来，好像有雨点、雨丝飘落了，宽宽高高的红墙最先觉察出来。一点一点的雨洒在干净的红墙上是最清晰的，一丝一丝的雨挂在单纯的红墙上是引人注目的。点点滴滴的渗入，丝丝缕缕的洇湿，无论多大的墙面，一律深深浅浅地斑驳变化着，一直到所有的墙面都变得湿漉漉的。亮晶晶的水珠开始出现了，像从厚厚的红墙里边渗出来似的，慢慢地向下流动。

雨不知什么时候不下了，冷风继续吹着，太阳慢慢地出来，所有的墙面又开始深深浅浅地斑驳变化着，先先后后回复成原来干净单纯的模样。但有些痕迹留了下来。最初不易觉察，一次又一次就明显起来。比如雨水一次次流下的痕迹，一次次洇湿又一次次晾干的痕迹。这些痕迹往往不在谁都能看得见的大面上，它们退缩、隐藏在不大为人们注意的边缘角落间。但太阳晒不掉，冷风吹不走。仔细看看这些日积月累的洇迹水痕，有时候会发现其中一些凄美的线条、奇异的图案，竟然出现在帝后臣子们的书法绘画里。还有一些雨水也留下了，留在红墙、灰砖、青石的缝隙里，甚至留在黄色的琉璃瓦间，滋生出一丛丛、一株株生命短暂的花草。

四 重新发现故宫

到故宫看雪

京城下雪了,还不小。不同的朋友圈传递着同一声招呼:"到故宫看雪。"

如果你在晴天丽日时,在景山上观望过故宫的话,大雪纷飞时再登景山,你会发现一个让你惊讶的景象——晴朗的天幕底下,古老的故宫似乎陷入现代高楼大厦的谷底,而大雪纷纷的此时此刻,一切现代的建筑一齐面目不清了,甚至退缩得无影无踪,而殿宇高低错落、铺排宏大有序、线条清晰流畅、轮廓典雅秀美的故宫,却海市蜃楼般浮动于眼底。洋洋洒洒的大雪不仅遮掩不住它的容颜,反而渲染了它的丰姿。凡是有此经历者,不禁都会思索这样的问题:故宫,这座中国古代的皇宫建筑,为什么具有如此穿透时空的魅力?

这时候,你从景山下来,在飞扬的雪花中沿故宫宽宽的护城河行走。冰面的积雪使护城河变得更为开阔了。透过飘扬的雪花,看得清河对面深灰色城墙的墙面上,已经挂起累累的雪团。横在乱雪中的一线堞墙,如锁链般清晰整齐。被锁定的威武的神武门城楼与玲珑的角楼,在漫天的飞雪中,愈显出遗世独立的势态。雪片越墙而过,神秘的宫殿近在眼前又遥不可及。

这时候,与神武门南北守望的午门前,午门城楼与东西雁翅楼和阔大的红墙合围而成的敞口式大广场,更加雄浑整肃。密密麻麻的雪片旋转翻动出一派浑然浩然的境界。谁都不会怀疑,再多再大再密的雪,这个地方都可以从容地包容吞吐。

故宫内,蜿蜒起伏的金水河、金水桥在飞雪中舞动了。

太和殿广场上,长长的御道被白雪覆盖了,遍地沧桑的无数的地砖被白雪覆盖了,一派洁白的广场无比空旷。融入雪色的汉白玉三台托起的太和殿巍峨而缥缈,一排又一排石雕望柱顶端的积雪一点点加厚,"高处不胜寒"的感觉顿时袭来。

到处可见的檐宇四角的走兽,屋脊上的龙吻,嵌在基石间的螭首,石雕栏杆上的云龙云凤,九龙壁上的九龙,宫门前的青铜狮子、铜鎏金狮子,太和殿前的铜鹤、铜龟,储秀宫前的铜龙、铜鹿,所有的动物雕塑雕刻,统统摘去威严的面具,一齐被飞雪舞动起来。

纷纷扬扬的大雪终于完全覆盖了故宫,覆盖了几百年来纷乱的脚印和明灭的灯火,覆盖了争权夺利的动乱与朝代的更迭。当大雪安静下来之后,故宫被覆盖得如此静谧、如此安逸、如此干净、如此完整而完美。仿佛什么也没有发生过,只留下宏伟的建筑在纯洁的世界里尽情地展现它的完整与完美。

大雪突然停止了。一阵又一阵强劲的风迅猛地扫荡了沉重的冬云。格外凌厉的风在故宫宽宽窄窄、长长短短的通道间蹿来蹿去。空气格外的纯净、凛冽。被厚厚的白雪严严实实地覆盖着的所有的屋顶、砖石路面、高台平地,一律闪烁着炫目的白色的亮光。在上上下下的炫目的白光之间，那些被太阳照亮了的红色的廊柱门窗，大块大块的红色的墙面，一律闪烁着炫目的红色的亮光，从炫目的白光间跳了出来，从四面围拢而来。不论在东西六宫一座又一座精致的院落中，还是在开阔的太和门、乾清门内，这种感受都很强烈。当你一个人静静地站在湛蓝天宇之下的太和殿前，这种感觉就更为强烈了。而当太阳初升的早晨和太阳西下的傍晚，站在同样的地方，你会感受到另一种奇异的景象——上上下下的炫目白光镀了一层金，白光之间的炫目的红光镀了一层金。四面八方一派炫目的灿烂辉煌。这个时候，你会惊异于如此纯粹的色彩竟能给你如此惊心动魄的感受，你会感受到从来没有过的博大与雄浑、气壮与神旺，当然，你也有可能感受到从来没有过的寂寞、孤独与渺小。当你冷静下来，明白你置身于具有如此悠久历史、如此宏伟壮丽的皇宫中的时候，你终于明白，为什么把所有的宫殿区域里四面合围着的廊柱门窗和大面积的墙面，统统交给了红色，交给了被今天的人们称之为"中国红"的色彩。

厚厚的积雪在辉煌的太阳的照耀下，在火焰般明亮温暖热烈的"中国红"的渲染中闪闪烁烁地开始融化了。一座座屋顶上，一条条笔直的屋脊两端，一个个龙吻昂起张扬的头和张开的嘴巴。高耸的屋脊上、墙脊上的积雪大片大片地滑落。大屋顶上的瓦垄渐渐显出凸凹的行列。过不了多久，连绵的屋顶上铺排着的无边无沿的琉璃瓦，就会闪现出明明暗暗的金色的光泽。广场上一块接一块露出来的湿润而新鲜的褐色地砖，更显得饱经沧桑。被无数双脚打磨过的石头御道,湿漉漉的,又滑又亮。

大雪终于消失得无影无踪了。可以让人生出无数关于大雪的回忆的残雪,只有在太阳永远照不到的角落里,在东西六宫狭长的阴暗的通道中,在慈宁宫花园、宁寿宫花园枯萎的草丛里,在曲折蜿蜒的金水河的冰面上,在神武门两侧的城墙根,在护城河边的石缝里,静悄悄地存留着。

然而,同样是冬季,同样是下雪,同样是几百年前那样的雪,同样是几百年前雪后的故宫,却早已物是人非了。大雪洋洋洒洒的时候,不知有多少人相约到故宫看雪。故宫东北角、西北角、东南角、西南角的护城河边,景山的最高处,突然架起了比平日多得多的各式照相机。人们发现故宫的线条在风雪中更加清晰优美了,故宫的形态在风雪中更加典雅端庄了,故宫的景象在风雪中更加大气磅礴了。雪后的太阳出来了,故宫的色彩更加亮丽夺目了。当此时刻,不止一次看见并羡慕快乐无比的女孩子、男孩子,在金水桥边的雪地里,在太和殿广场的雪地里,尽情地打滚撒欢。他们不再如昔日的臣民向帝王的威权跪伏,他们陶醉于故宫的今日之美而情不自禁。

到故宫看展

故宫博物院最大的展品,就是"故宫"。有观众兴致勃勃地参观完即将离开时会突然发问:故宫博物院那么多藏品,怎么没看见文物展览呢?其实不是没有,是故宫这个大展品太大,太有吸引力了,以致不少观众忽略了对展览的关注。

在故宫博物院的参观路线上,常年用作文物展览的场地并不少,如中轴线两侧庑房以皇室政务、典章制度、宫廷生活为主要内容的固定展览和临时展览,寿康宫的原状陈列和崇庆皇太后专题展。作为专门展示某一类文物的专馆更多,如宁寿宫区的珍宝馆、石鼓馆、戏曲馆,慈宁宫的雕塑馆,东华门的古建馆,奉先殿的钟表馆,承乾宫、永和宫的青铜器馆,钟粹宫的玉器馆,景仁宫的捐献馆,南大库的家具馆,文华殿的书画馆,武英殿的陶瓷馆,午门城楼上的特展厅,等等。

大约计算下来,常年保持在参观线路上各个展区、展馆、展厅中的文物,总计在1万件以上,如果一件件地观看,得进故宫多少次啊!大概极少有观众走遍所有的展厅,更不用说看过所有的展品。或许觉得反正也看不过来,不看也罢,于是就有了没看见文物展览的遗憾。

对于一座博物馆来说,常年展出1万件文物已经是一个很大的数字了，可是，比起故宫博物院的藏品总量，这却是一个很小的数字。故宫的文化遗产，分为两大类：一类是不可移动的明清皇宫建筑，一类是以清宫遗留为主的可移动文物。溥仪出宫后，故宫全部收归国有。故宫博物院成立前后的第一件大事，就是全面系统地清点故宫可移动物品。从1924年开始，到1930年完成。边登记造册，边公之于众，共出版《清宫物品点查报告》6编28册，共计117万余件。以后不同历史阶段，数次清点。21世纪初的清查最为全面彻底，以家底清楚、账物相符、科学管理为目标，清查时间长达10年。清查结果：藏品总计186万余件，公布《故宫博物院文物藏品总目》，陆续编辑出版《故宫博物院藏品大系》。

186万多件藏品中，清宫遗留160万多件。清宫遗留中除宫廷使用的各类物品外，有不少是皇宫征收搜集、各地官员进贡的历朝历代的艺术珍品。故宫博物院成立以来，收购、接受个人捐赠及国家调拨文物24万多件，涉及范围更广。故宫博物院文物藏品，不只来自明清两代，远自原始社会、夏、商、周，近到近代、现代均有。不只数量大，时间跨度长，且种类丰富。院藏文物主体部分可分为三大类别。第一类为最有故宫特色的宫廷历史文物，涉及朝廷政务、帝后生活、宫廷文化、宗教信仰方面的帝后玺册、卤簿仪仗、武备兵器、生活用具、织绣服饰、钟表仪器、宗教用品等，约30万件。第二类为历代文化艺术珍品，其中书法、绘画、碑帖约15万件，陶瓷器约36万件，青铜器1.6万件，玉器3万多件，珐琅器、竹木牙角器、漆器、金银器、玻璃器、雕刻等9万多件。第三类为清宫档案与藏书，约60万件。

这么大的量，这么丰富的文物，谁能看得过来？好在有藏品总目发布，有藏品大系陆续出版，可各取所需。

虽然一般参观者不必要也不需要看遍所有的展览，但从提高参观质量着想，有一个特别的展区一定不可错过，那就是故宫博物院入口处的午门城楼与午门内广场两侧的文华殿、武英殿组成的展览区域。这三个地方相距不远，连起来正好是一个等边三角形，我把它称为故宫展览"金三角"。

"金三角"展区展览是有传统的，由皇宫转变为博物馆，由宫殿建筑转变为博物馆展览空间，最早就集中在这一区域，可以说，这里也是我国博物馆事业发展的鲜明地标和重要源头。1914年古物陈列所成立，先在武英殿与其后的思敬殿之间加盖穿廊，将两殿连为一体，改为陈列室，接着以同样的方式，把文华殿与其后的主敬殿连为一体，也改为陈列室。1925年故宫博物院成立，1948年古物陈列所合并于故宫博物院。1917年，在午门、端门设立国立历史博物馆筹备处，1920年历史博物馆正式成立，1926年10月10日，在午门城楼上正式开馆，共开放10个展室，正楼4个，东西长庑各3个。开馆第一天，登上午门城楼的观众多达45020人，简直不可想象！可见那时的故宫热，一点也不在今日之下。1950年，中国革命博物馆在武英殿旁边的宝蕴楼设立筹备处，自然博物馆在文华殿设立筹备处。革命博物馆与历史博物馆1959年迁入天安门广场东边新馆，2003年两馆合并为中国国家博物馆。自然博物馆即现在的北京自然博物馆。1981年，在文华殿筹建中国国际友谊博物馆，1991年正式成立——这么多的国家级博物馆，发源地都是故宫"金三角"。

对故宫博物院来说，既要完整保护不可移动的宫殿古建筑，又要充分展示丰富珍贵的可移动藏品，需要克服许多困难。因为皇宫是供皇帝执政生活的实用性建筑，并不是供展览文物的博物馆建筑，在这样的建筑里展览文物，环境空间的局限还算不上最大的问题，最大的困难在于既要保护古建原状，又要创造出足以保护展品的展览条件，如温湿度、光照度的科学控制等，还要创造出足以显示展品品质的艺术效果。故宫博物院一直在为此努力，直到21世纪初，纳入故宫大修统一规划，在承传武英殿、文华殿、午门城楼作为博物馆展览区传统的基础上，努力改善展览条件，创新展示空间，提升展览质量，困扰多年的问题得到有效的解决，在古建筑的环境里，科学地解决了保护与利用、修缮与展示的关系。

如今，展现在参观者面前的"金三角"，就是故宫人在这方面努力的一个重大成果。不同于一般展览场馆的单纯展厅，也不同于单纯的展品展示，在不可移动的文化遗产中展示可移动的文化遗产，完美地激发出互动的多重功能与多重效应，至少呈现出三重展示、三重看点：一是作为不可移动的大环境文物的展示与看点，二是作为不可移动的建筑文物的展示与看点，三是建筑内部空间的可移动文物展品的展示与看点。前两个看点是非文物环境、非文物建筑绝对不可能具有的。

改造后的武英殿、文华殿展区，分别为故宫博物院品牌展馆陶瓷馆与书画馆所在地。新改造的午门城楼展厅，更是举世瞩目。修缮一新的午门正楼，千余平方米的大厅内不可思议地安置了一个巨大的通透的玻璃盒子,不仅可以调控温湿度与光照度,还装有安防报警和气体灭火设备,既能够确保任何文物展品的安全,又能够让所有的参观者目睹盒子内外红墙红柱、红门红窗、华丽彩绘、珍稀展品——不可移动文物与可移动文物在此交相辉映!这一创新改造工程,2005年获得联合国教科文组织颁发的"文化历史遗产保护创新奖""2005年全国十大科技成就奖"。紧接着又对午门东西雁翅楼和崇楼做了相类似的改造,古老午门上的现代化展厅,扩展到2100多平方米,故宫博物院的重大特展在这里不断推出,如兰亭特展、《千里江山图》特展、紫禁城六百年特展等。更有意义的是由此开启了故宫博物院举办国际大展的新历程,与故宫博物院建立合作关系的世界各大博物馆争相要求尽早在午门展厅展出各自的文物精品,有些是配合国家外交的重要展览,如"太阳王路易十四——法国凡尔赛宫珍品特展""克里姆林宫珍品展""英国与世界1714—1830展""中国–比利时绘画500年展""西班牙骑士文化与艺术展""公元400至700年印度与中国雕塑艺术展"等。

古代与现代,古老与新生,中国与世界,文明的交流与互鉴——具有600多年历史的故宫,因故宫博物院的新展区、新展览不断焕发出新的光彩。参观故宫,千万别错过你喜欢的展览,尤其要关注"金三角"展区的新展览。

到故宫外看故宫

到故宫看故宫、看展览，到故宫外也有看故宫的去处。虽然看不到故宫的建筑，但可以看到故宫的展览。

故宫博物院常年有到院外的展览。印象很深的一次是2002年冬到2003年春，上海博物馆同故宫博物院、辽宁省博物馆一起举办"晋唐宋元72件书画珍品展"。寒冷的冬天，上海博物馆外天天排长队。那时我主持《中国文物报》《文物天地》，配合展览，《文物天地》杂志编辑了一期"晋唐宋元72件书画面面观"专辑，一个月内在上海博物馆现场销售5万册，许多观众一边排队，一边看《文物天地》。

1999年澳门回归祖国，在举行隆重的回归庆典仪式的旁边，澳门艺术博物馆举办了来自故宫博物院的文物特展，参加庆典的贵宾同时也参观了来自祖国首都北京的故宫历史文物。从那个时候开始，一直到现在，澳门艺术博物馆几乎每年都要举办一次故宫文物展。故宫博物院的系列展览已经成为澳门文化艺术的亮点和品牌，成为澳门的文化艺术盛事，甚至吸引了东南亚各国和欧美的不少人专程赴澳参观。

故宫博物院到国外的展览，比在国内的展览还要频繁。故宫文物首次出国是在故宫文物南迁期间的1935年冬到1936年春，共有735件南迁文物赴英国参加"伦敦中国艺术国际博览会",展出地点在伦敦皇家艺术学院百灵顿宫,参观人数超42万,在英国,在欧洲,引发"中国热"。70年后的2005年,在同一地点,故宫博物院400多件精品文物展出,盛况再现,中国文化热又一次掀起。

故宫文物的第二次出国展也在文物南迁期间。1940年,100余件精选文物赴苏联参加"中国艺术展览会",先后在莫斯科、彼得格勒展出。新中国成立之后,特别是改革开放以来,故宫文物展成为对外文化艺术交流的重要内容,几十年间,故宫博物院赴国外、境外文物展览,平均每年8次以上。

故宫只有一个,故宫博物院却有两个,一个是故宫博物院,另一个就是台北故宫博物院。台北故宫博物院是故宫博物院文物大迁徙的结果。

1933年,日本侵华形势严峻,华北危急,为避日寇劫掠,故宫博物院挑选1.3万多箱文物,加上兼管古物陈列所、颐和园、国子监等文物6000多箱,总计近2万箱文物离京南迁。先火车运抵南京浦口车站,再转水路运往上海存放,1936年,南京朝天宫文物库房建成,由上海转移到南京保管。1937年,日寇侵华战争全面爆发,刚刚储存在南京的南迁文物分三路紧急西迁。北路7000多箱走陆路,用火车运经徐州、郑州、西安到宝鸡,改用汽车,穿越古道,翻秦岭,至汉中,过大巴山到成都,最终储存于峨眉。中路9000多箱走水路,逆长江而上,经汉口、宜昌、重庆、宜宾至乐山储存。南路80箱,先水路到汉口,转陆路到长沙,再到贵阳、安顺,最后转至四川巴县(今重庆巴南区)存放。抗战胜利后,峨眉、乐山、巴县文物先集中于重庆,分批东归南京。

1948年底、1949年初,近3000箱文物分三批从南京运往台湾,先存放并开放展览于台中县雾峰乡北沟,1965年,在台北外双溪建立台北故宫博物院。台北故宫博物院现有文物近70万件,其中近60万件为故宫博物院南迁文物。

故宫文物的南迁,直接导致了故宫文物分处海峡两岸,出现了两岸两个故宫博物院的局面。2009年,故宫博物院院长与台北故宫博物院院长互访,开启了两岸两个故宫博物院正式往来的"破冰之旅",两岸两院的交流与合作朝着制度化、常态化方向迈进。在这样的历史节点,2010年,故宫博物院提议两院共同组队,"重走故宫文物南迁路",以"重走"的行动,追寻故宫文物南迁的路线,体味故宫博物院前辈护送故宫文物大迁徙的艰辛,探求这段几乎已经湮没的两院共同的历史所具有的特殊意义和价值。故宫博物院的"寻根"动议一提出,立即得到台北故宫博物院同仁的积极响应,两院共同组成30多人的考察团。我担任"温故知新:两岸故宫重走文物南迁路"考察活动故宫博物院领队,并负责全体全程活动的组织安排。考察团在15天的行程中考察了4省(江苏、贵州、陕西、四川)8市(南京、贵阳、安顺、宝鸡、汉中、成都、重庆、乐山),探寻了37个重要的故宫南迁文物存放点,追寻当年的部分运输路线,串联起一条抚今追昔的重走之路。

通过实地走访与探寻,我们新发现一批与故宫文物南迁历史相关的珍贵材料,为故宫博物院文物南迁史研究提供了新的线索;寻找到当年参与到这场行动中的人员,亲耳聆听了他们口中的为文献档案所不载的鲜活历史;随行拍摄了长达30小时的影像资料。

故宫博物院近百万件南迁文物，能在十几年漫长的时间里，在残酷的战争环境里，辗转上万公里，横跨10余省市，不仅仅是靠故宫博物院一个单位和数十位故宫人的护送，更是一次国家行为，是全国上下从政府到军队到民众的全民保护国家文化遗产行动。其时间之长、范围之广、经历之艰难，集中显示了中国人民保护民族文化遗产的高度责任感、顽强毅力和牺牲奉献精神。这段历史不仅是故宫博物院的历史，不仅是两岸共有的历史，更是我们国家民族一段值得高度重视、值得永远载入史册的保护文化遗产的行动。二战期间，其他国家也有躲避战火文物迁徙的行动，但任何一次文物迁徙，都没有中国这一次文物迁徙规模大、数量多、路程长、范围广，无论从哪方面看，中国的文物迁徙，都是战争史上最为壮烈的一次人类文化遗产保护行动。

故宫文物南迁又有新故事。当年故宫文物南迁路途中，曾在当时的重庆市南岸区瑞典安达森洋行的四个仓库秘密存放过文物3694箱。2010年两岸故宫重走文物南迁路时，两院考察团做了实地考察，并向有关部门提出保护和展示的建议。2018年，重庆市文化委员会和南岸区人民政府与故宫博物院合作，决定把嘉陵江、长江交汇处南岸斜坡上以四个旧仓库为主、共八栋建筑的南迁文物旧址区，改造为故宫南迁文物纪念馆，形成纪念展厅、文化大讲堂、书店、文创品融合的综合性文化场馆。2021年，这座首个在故宫文物南迁遗址上设立的主题历史纪念馆一开馆，便成为重庆"两江四岸"核心区的文旅新景观。

故宫外的故宫故事仍在继续。2017年,香港特别行政区西九文化区与故宫博物院签署《兴建香港故宫文化博物馆合作协议》。香港故宫文化博物馆占地1.3万平方米,建筑面积3万平方米,于2022年7月开放。香港故宫文化博物馆常年展出故宫博物院文物,并展出世界重要文化艺术机构的珍藏。开馆时,计有25类、914件故宫博物院珍贵文物展出,其中166件为国家一级文物。这是故宫博物院建院以来规模最大、级别最高的一次院外展览。香港故宫文化博物馆必定会成为香港文化艺术新地标。

在北京,故宫博物院已经正式开启了北院区的重大建设工程。故宫博物院北院区位于北京海淀区西北旺镇原故宫西玉河基地。该基地清朝为皇宫专用砖瓦窑厂,废弃的老窑尚在。新规划的北院区占地62万平方米,比故宫面积略小。总建筑面积10多万平方米,其中文物展厅3.3万多平方米,文物修复及展示、非物质文化遗产展示1.6万平方米,数字故宫文化传播1万平方米,文物库房2.5万平方米。预计2025年建成开放,将会是故宫博物院建院100周年最隆重的献礼。北院区建成后,现代化的大面积展厅,将彻底改变故宫博物院大量珍贵藏品的展览条件,难以面世的文物将有机会同公众见面,特别是大件、超大件文物。值得期待!